Alysson Siqueira
Jeimely Heep Bornholdt
Florinda Cerdeira Pimentel
Elaine Stroparo Bülow

intersaberes

NOTAS BRASILEIRAS
a trilha sonora de uma nação

SÉRIE TRAJETÓRIA DA MÚSICA

inter saberes

Rua Clara Vendramin, 58 . Mossunguê
CEP 81200-170 . Curitiba . PR . Brasil
Fone: (41) 2106-4170
www.intersaberes.com
editora@intersaberes.com

Conselho editorial	**Capa e projeto gráfico**
Dr. Alexandre Coutinho Pagliarini	Charles L. da Silva (*design*)
Dr.ª Elena Godoy	charnsitr, Felipegsb, Thai
Dr. Neri dos Santos	Breeze, Molotok289 e Joao
M.ª Maria Lúcia Prado Sabatella	Seabra/Shutterstock (imagens)
Editora-chefe	**Diagramação**
Lindsay Azambuja	Fabio Vinicius da Silva
Gerente editorial	***Designer* responsável**
Ariadne Nunes Wenger	Charles L. da Silva
Preparação de originais	**Iconografia**
Gilberto Girardello Filho	Maria Elisa Sonda
Edição de texto	Regina Claudia Cruz Prestes
Camila Rosa	
Letra & Língua Ltda.	

Dados Internacionais de Catalogação na Publicação (CIP)
(Câmara Brasileira do Livro, SP, Brasil)

Notas brasileiras : a trilha sonora de uma nação / Alysson Siqueira... [et al.]. -- Curitiba, PR : InterSaberes, 2024. -- (Série trajetória da música)

Outros autores: Jeimely Heep Bornholdt, Florinda Cerdeira Pimentel, Elaine Stroparo Bülow

Bibliografia.
ISBN 978-85-227-0861-1

1. Música - Brasil - História I. Siqueira, Alysson. II. Bornholdt, Jeimely Heep. III. Pimentel, Florinda Cerdeira. IV. Bülow, Elaine Stroparo. V. Série.

24-215013   CDD-780.981

Índices para catálogo sistemático:
1. Brasil : Música : História   780.981

Cibele Maria Dias - Bibliotecária - CRB-8/9427

1ª edição, 2024.

Foi feito o depósito legal.

Informamos que é de inteira responsabilidade dos autores a emissão de conceitos.

Nenhuma parte desta publicação poderá ser reproduzida por qualquer meio ou forma sem a prévia autorização da Editora InterSaberes.

A violação dos direitos autorais é crime estabelecido na Lei n. 9.610/1998 e punido pelo art. 184 do Código Penal.

SUMÁRIO

6   Apresentação
10 Como aproveitar ao máximo este livro

Capítulo 1
14 A música na América Portuguesa

16 1.1 Tupinambás, jesuítas e a catequização
23 1.2 O Recife holandês e os vestígios da presença dos judeus
26 1.3 Gregório de Matos e a música no recôncavo baiano
30 1.4 A música sacra em Minas Gerais no século XVIII
34 1.5 Modinhas de Portugal e do Brasil

Capítulo 2
44 A presença da corte e o Brasil monárquico

46 2.1 O período joanino e o Primeiro Reinado
55 2.2 A crise da música na corte no período regencial
59 2.3 O Segundo Reinado e a retomada das atividades da corte

63   2.4 O desenvolvimento das diversões urbanas e o surgimento do maxixe
67   2.5 A crise da monarquia e as transformações na vida musical

Capítulo 3

83 O período entre o início da República e a Semana de Arte Moderna

85   3.1 A república musical: elites e a música de concerto no Rio de Janeiro e em São Paulo
91   3.2 Personagens da música popular urbana na virada do século
102 3.3 Os divertimentos populares e os lugares onde se fazia música
106 3.4 A Casa Edison e as primeiras gravações no Brasil
114 3.5 Villa-Lobos: da formação no Rio de Janeiro à consagração em Paris

Capítulo 4

127 Da Semana de Arte Moderna ao fim do Estado Novo

128 4.1 O modernismo musical de Mário de Andrade
133 4.2 O samba: surgimento e profissionalização
143 4.3 Os intelectuais na Era Vargas
152 4.4 Os compositores modernistas
158 4.5 O Grupo Música Viva entre a vanguarda e o nacionalismo na década de 1940

Capítulo 5
174 A música popular brasileira nas décadas de 1950 e 1960

- 175   5.1 Anos 1950: folclorização
- 180   5.2 O mercado fonográfico nos anos 1950
- 185   5.3 A bossa nova
- 192   5.4 A canção engajada
- 197   5.5 Festivais de televisão e o tropicalismo

Capítulo 6
214 Da MPB ao *rap*: uma odisseia pela "modernização" da música popular

- 216   6.1 A MPB como movimento cultural dos anos 1960
- 221   6.2 O *rock* no Brasil e suas tensões com a tradição
- 233   6.3 A música instrumental brasileira: da tradição do choro à vanguarda do *jazz* nacional
- 239   6.4 Do caipira ao sertanejo
- 248   6.5 A cultura da periferia e a indústria cultural

- 257 Considerações finais
- 259 Referências
- 276 Bibliografia comentada
- 279 Respostas
- 281 Sobre os autores

APRESENTAÇÃO

Estamos diante de uma das mais difíceis tarefas para um musicólogo: contar a história da música brasileira. Eis um objetivo que tem muitos pré-requisitos, como compreender em que momento, de fato, essa história se inicia, entender o que significa ser brasileiro, desvendar em que momento uma música, repleta de influências estrangeiras, passa a ser realmente brasileira.

Para a primeira questão, precisamos entender que, antes de os portugueses atracarem nesta terra, em 1500, já havia uma civilização aqui. Os povos nativos daquela época tinham muitos nomes: Xavantes, Yanomamis, Potiguaras, Pataxós, Tupis, Guaranis e tantos outros povos habitavam o território e, claro, tinham suas próprias músicas, que, para eles, não eram objeto de consumo, mas parte integrante de rituais, cerimônias e festas, por exemplo.

A história da música desses povos indígenas, que moravam no lugar chamado de Pindorama, onde hoje é o Brasil, é pouco contada muito em razão da escassez documental, o que não a impediu de ser influente na cultura do país. Ela se fundiu com a cultura europeia enquanto o Padre Anchieta catequizava os indígenas. Depois, adentrou pela mata, onde provou novo choque, dessa vez com agricultores e bandeirantes: se, por um lado, esse encontro resultou em devastação, por outro culminou no nascimento da cultura caipira, além de inúmeras outras culturas musicais que ainda não circularam pelo mercado fonográfico, como o fandango caiçara, a ciranda, a congada, entre outras.

Portanto, a música dos povos que originaram o Brasil antes da invasão portuguesa não será estudada, mas sua influência sobre as outras manifestações musicais que abordaremos ficará registrada. Assim, daremos início a essa história da música brasileira a partir do momento em que ela passa a ser registrada, ou seja, com a chegada dos portugueses e, mais precisamente, com a vinda dos jesuítas.

Na história do Brasil, de modo geral, houve um momento inicial com os povos nativos de um lado e os portugueses de outro. Nenhum deles se considerava brasileiro. Esse sentimento de pertencer a um lugar diferente daqueles de origem nasce quando uma cultura própria se estabelece. Novos hábitos, novas maneiras de falar, comidas típicas e, obviamente, músicas características. Não há dúvidas de que a música foi um dos principais elementos na formação do povo brasileiro. A modinha, por exemplo, era uma música portuguesa, mas depois de transitar por nossas terras, ganhou novas inflexões melódicas inspiradas pelo português falado aqui, que já era diferente do que se falava em Portugal. Virou a modinha brasileira porque era diferente, era característica de uma cultura que começava a se firmar.

Esse processo de mistura entre as culturas que foram chegando ao Brasil gerou, como a modinha brasileira, diversas manifestações musicais. Desde aquelas que se instituíram e permaneceram em comunidades isoladas até as que romperam esses limites e passaram a expressões de âmbito nacional. É justamente nesse ponto que determinamos nosso objeto: as manifestações musicais que se constituíram no Brasil e se tornaram parte da cultura de nosso povo.

Muitas vezes, falamos de movimentos, como a MPB, por exemplo, que traz em sua gênese diferentes expressões da música popular. Nesses casos, procuramos contemplar questões mais regionais, ainda que se trate de um movimento que alcançou proporções nacionais.

Nosso objetivo principal é que o leitor adquira uma visão abrangente e contextualizada do desenvolvimento da música brasileira, compreendendo, com espírito crítico, todas as tensões e relaxamentos que fazem dela uma das manifestações musicais mais diversificadas e ricas de todo o mundo.

Para tanto, no decorrer dos seis capítulos que compõem esta obra, apresentamos uma sequência cronológica, demonstrando de que maneira o desenvolvimento da sociedade brasileira afetou o surgimento de nossas músicas.

No Capítulo 1, versamos sobre a música no período colonial, com a influência da cultura europeia sobre os povos originários, passando pelo surgimento de um ambiente urbano e da música que ali se estabeleceu, atingindo a influência das modinhas portuguesas em nossas canções. Já no Capítulo 2, tratamos do período imperial, em que a música de concerto floresce no país e deixa o legado de grandes salas de espetáculo, conservatórios e outras instituições musicais.

No Capítulo 3, abordamos o início da República do Brasil: um período em que se acentuam as diferenças entre elite e povo, erudito e popular. O desenvolvimento industrial e o decorrente surgimento de novas tecnologias desembocaram na criação do rádio e dos discos. Ao final desse período, a música atingiu uma capacidade de penetração no mercado jamais vista. Por fim, falamos do maior expoente da música brasileira dessa época: Heitor Villa-Lobos. Ele também será figura bastante presente no Capítulo 4, que se refere a um período mais curto, embora bastante complexo, que vai da Semana de Arte Moderna, em 1922, até o fim do Estado Novo, em 1945.

Os temas do Capítulo 5 são as décadas de 1950 e 1960, cenário que apresentou novas e fartas influências estrangeiras em razão da difusão musical cada vez mais intensa mundo afora. Desse contexto, surgiram novos movimentos musicais, como a bossa nova, a MPB e o tropicalismo. Também foi nesse período que a música brasileira se estabeleceu como um importante instrumento de manifestação contra o cenário político e social adverso que vivíamos no país.

Finalmente, no Capítulo 6, discutimos as questões mais recentes de nossa música. Iniciamos pela afirmação da MPB e do tropicalismo, bem como pelos seguintes estilos: música caipira, sertanejo, *rock nacional*, *jazz*, *funk* e *hip hop*. Diante desse contexto, desenhamos um cenário próximo daquilo que experimentamos na atualidade, e que, futuramente, será abordado como história em outras publicações.

Aproveite a leitura e procure sempre contextualizá-la com as sugestões de escuta. A história da música só tem sentido quando conhecemos esta música de que falamos.

COMO APROVEITAR AO MÁXIMO ESTE LIVRO

Empregamos nesta obra recursos que visam enriquecer seu aprendizado, facilitar a compreensão dos conteúdos e tornar a leitura mais dinâmica. Conheça a seguir cada uma dessas ferramentas e saiba como estão distribuídas no decorrer deste livro para bem aproveitá-las.

Introdução do capítulo

Logo na abertura do capítulo, informamos os temas de estudo e os objetivos de aprendizagem que serão nele abrangidos, fazendo considerações preliminares sobre as temáticas em foco.

Pausa para escuta

Sugerimos diferentes conteúdos digitais para que você aprofunde sua aprendizagem e siga buscando conhecimento.

Síntese

Ao final de cada capítulo, relacionamos as principais informações nele abordadas a fim de que você avalie as conclusões a que chegou, confirmando-as ou redefinindo-as.

Atividades de autoavaliação

Apresentamos estas questões objetivas para que você verifique o grau de assimilação dos conceitos examinados, motivando-se a progredir em seus estudos.

Atividades de aprendizagem

Aqui apresentamos questões que aproximam conhecimentos teóricos e práticos a fim de que você analise criticamente determinado assunto.

Curiosidades

Nestes boxes, apresentamos informações complementares e interessantes relacionadas aos assuntos expostos no capítulo.

Bibliografia comentada

Nesta seção, comentamos algumas obras de referência para o estudo dos temas examinados ao longo do livro.

Capítulo 1
A MÚSICA NA AMÉRICA PORTUGUESA

Jeimely Heep Bornholdt

A missão prioritária dos padres jesuítas que pisaram no solo do que viria a ser o Brasil era evangelizar os povos indígenas encontrados, e isso por todos os meios. Para isso, também a música era importante, pois os padres notaram que os índios cantavam em suas aldeias. Portanto, os portugueses compreenderam ser "suficiente" dotar esses povos de novos cânticos com a palavra divina e adaptá-los à língua nativa, o tupi.

Até o final do século XVIII, a música de concerto era essencialmente religiosa. As primeiras partituras foram as de canto gregoriano, cantadas *a cappella* e em uníssono – fáceis de ensinar. Gradualmente, os nativos aprenderam o uso de instrumentos como a flauta e a viola. Ao mesmo tempo, os escravos trazidos da África punham em jogo sua percussão, criando uma mistura sincrética que mais tarde daria origem a melodias populares como as modinhas do século XIX, canções de amor tão populares nos bairros pobres como nos salões ricos.

"Cantata acadêmica", uma das raras partituras que chegaram até nós, foi a primeira escrita no Brasil, em 1759. Obra de autor anônimo, por vezes é atribuída a Caetano de Melo de Jesus, maestro da catedral de Salvador, mas sem nenhuma certeza disso. Outro grande autor barroco foi o mulato Luis Alvarez Pinto, que se distinguiu no final do século XVIII com peças seculares e sagradas, como "*Te Deum Laudamus*" e "Salve Regina".

Em paralelo, a música secular encontrou um lugar, notadamente por meio da letra. Na Bahia, em Pernambuco, no Rio de Janeiro ou em São Paulo, foram encenadas óperas, principalmente emprestadas do repertório italiano. Nenhuma criação original, como podemos ver. Foi somente no século XIX que encontramos vestígios de uma obra brasileira.

Neste primeiro momento dos estudos da história da música brasileira, é importante notarmos que as manifestações musicais observadas no período da colonização provêm de origens distintas e que, de alguma forma, permearam-se entre si. Desse modo, buscaremos estabelecer as relações que conectaram as práticas indígenas já existentes no território brasileiro à cultura proveniente da Europa advinda com a colonização. Aliás, estamos abordando um período no qual foram evidentes as trocas e apropriações culturais, bem como suas ressignificações, as quais resultaram, mais tarde, no objeto-fim de nosso estudo: a música brasileira em si, tal qual conhecemos como parte integrante de nossas práticas culturais. Para isso vamos nos basear em autores como Budasz (1996; 2004; 2011), Mariz (2005), entre outros.

1.1 Tupinambás, jesuítas e a catequização

Dada a importância de organizarmos as manifestações musicais de acordo com as influências sofridas no período colonial, podemos compreender que, inicialmente, quando da chegada dos portugueses, os povos indígenas já contavam com suas próprias práticas culturais, as quais passaram a ser relacionadas às práticas musicais europeias mediante a utilização da música como instrumento do projeto de catequização jesuíta entre os povos que aqui já viviam, assim como afirma Mesgravis (2015, p. 24): "Vieram de Portugal padres jesuítas com o objetivo principal de catequisar os índios e engordar o rebanho submisso à Igreja Católica".

Em A *primeira missa*, o artista do romantismo brasileiro Victor Meirelles fez uma representação que ilustra bem esse momento, retratando o que supostamente teria sido a primeira missa ocorrida no Brasil (Figura 1.1).

Figura 1.1 – A *primeira missa*, de Victor Meirelles (1860)

MEIRELLES, V. **Primeira Missa no Brasil**. 1860. Óleo sobre tela: 268 × 356 cm. Museu Nacional de Belas Artes, Rio de Janeiro..

Diante do exposto, faz-se necessário analisarmos outros polos relevantes da construção da música brasileira e de suas práticas musicais, como é o caso dos eventos que ocorreram em Pernambuco e em Minas Gerais, essenciais para o processo de produção artística.

1.1.1 Sobre a recriação das práticas musicais do passado

Falar sobre a música em períodos passados não é uma tarefa simples e traz consigo uma grande responsabilidade quanto à fidelidade na recriação das práticas musicais. Vejamos: podemos estudar a música contemporânea (entre 1910 e 1980) a partir de documentos originais, entre áudios, vídeos, letras e partituras. Mas quanto mais voltarmos no tempo, mais careceremos desses materiais, e é preciso interpretar notações musicais distintas das que conhecemos hoje, bem como avaliar de que modo seriam os timbres dos instrumentos da época (como soavam, como eram tocados, que tamanho tinham, como eram afinados etc.). Estamos falando de um período que vai do pós-descobrimento (após a chegada dos portugueses) até meados do século XVII, em que grande parte das manifestações culturais era transmitida oralmente.

Conforme Ribeiro (1995), a cultura popular era unificada por um corpo comum de compreensões, valores e tradições, externados nas crenças e no folclore. Ora, sabemos que crenças populares e folclóricas são transmitidas de geração a geração essencialmente de maneira oral. Apesar disso, o advento da colonização trouxe a tradição da escrita, que passou a ser valorizada e, consequentemente, a tomar o lugar da tradição da oralidade.

Tratar dos aspectos musicais com registros escritos pode ser uma árdua tarefa, porém possível. Contudo, como reconstruir essa lacuna cultural dos povos nativos que se baseavam na oralidade? A resposta encontra-se justamente na chegada da tradição escrita, vinda com os europeus. A esse respeito, uma perspetiva pontuada pelos musicólogos refere-se aos tratados teóricos da música ocidental, visto que grande parte dos produtores musicais que aqui se estabeleceram eram oriundos da Europa e, logo, traziam consigo a tradição da escrita. Tais documentos puderam elucidar aos pesquisadores fatores como a construção dos instrumentos, a afinação e, até mesmo, de que modo eles eram tocados.

Além desses tratados teóricos, outra importante fonte de informações são os relatos de viajantes. Por exemplo, Kiefer (2001) recriou um possível cenário musical indígena do século XVI com base em algumas manifestações relatadas por um viajante francês a uma tribo tupinambá. Esse viajante procurou transcrever as melodias que posteriormente puderam serem interpretadas. Spix e Martius (2017), já no século XIX, observaram, entre os indígenas, a recorrência das linhas melódicas transcritas no século XVI pelo viajante francês, comprovando que, em partes, as práticas musicais daquelas tribos permaneceram no decorrer desse período e eram utilizadas no cotidiano de sua organização social, bem como nos rituais e nas práticas de caça e cultivo alimentar. A observação de Spix e Martius (2017) também evidencia a relevância das transcrições musicais nos estudos do que se manteve com o passar do tempo e daquilo que foi modificado ou substituído.

1.1.2 A música indígena frente aos jesuítas: entre a apropriação e a ressignificação

A música foi uma ferramenta essencial utilizada pelos jesuítas no processo de catequização dos povos indígenas no período da colonização. O projeto jesuíta consistia na ressignificação de melodias, fossem estas europeias ou indígenas, com o objetivo de adaptá-las ao texto religioso. Tal estratégia contribuiu para que a produção musical jesuíta fosse mais facilmente incorporada ao contexto cultural local.

Figura 1.2 – Padre José de Anchieta

Luis Fraga/Shutterstock

A obra poética de José de Anchieta recorre à tradição ibérica para a produção da música jesuíta. Trata-se de algo relevante no contexto do Brasil Colônia, pois, de acordo com Budasz (1996), seu cancioneiro[1] apresenta formas poético-musicais como a cantiga, a trova e o romance, e foi utilizado e difundido nas colônias jesuítas, como o Brasil, por exemplo. Budasz (1996) ainda afirma que Anchieta promovia alterações específicas no texto original, a fim de transformar seu sentido profano em religioso. Dessa forma, escolhia as canções mais conhecidas, para que a propagação fosse estrategicamente mais eficaz.

Todo o conteúdo musical considerado lascivo pelos jesuítas, ou usado nos rituais indígenas, era avaliado e passava pelo processo de ressignificação, para que a letra se adequasse aos propósitos da missão jesuíta, entre eles a adaptação das doutrinas, orações e hinos católicos ao idioma tupi (Budasz, 2011).

Além das ressignificações de canções populares europeias e indígenas, o próprio ensino da música ocidental em si aos índios brasileiros mostrou ser colateralmente uma ferramenta para

1   Cancioneiro é um local que compila uma coleção de canções.

convertê-los ao cristianismo. Conforme Castagna (1994), a partir desse momento, os índios se tornaram aptos a reproduzir o repertório musical básico do culto cristão, passando a serem chamados pelos portugueses de "músicos da terra". Esse acontecimento também colaborou para a absorção das práticas musicais ocidentais pela cultura local.

Para abordarmos a música indígena, precisamos relativizar nosso padrão de escuta, que basicamente é moldado aos padrões ocidentais, e compreender que a definição do "belo" não é absoluta. A esse processo, Rosen (2000, p. 25) chamou de "imaginação acústica". A intenção do autor é nos advertir para o fato de que, quando ouvimos músicas que destoam de nossa realidade, podemos ser parciais no julgamento, tomando por base nossa experiência musical. O resultado disso seria uma conclusão distorcida a respeito do contexto musical em questão.

Já Barros (2006, p. 160) faz menção às chamadas "hesitações sonoras". Ele explica que nossa escuta ocidental elimina a diferença em relação a outras formas de produzir som, exemplificando com a afinação. Para o autor, a análise de determinada frequência entoada pelos indígenas pode ser concluída como uma incapacidade de atingir o som afinado, o que nos levaria a desprezar a construção timbrística desses povos. Nessa ótica, estaríamos subvalorizando a construção musical considerando os aspectos musicais europeus, como a divisão em semitons, por exemplo.

O compositor Luciano Gallet (1934) se dedicou a estudar as práticas musicais indígenas com base em fonogramas da Missão Rondon. Ele fez vários apontamentos evidenciando diversos elementos fragmentados que, em conjunto, poderiam representar o que seria uma produção musical indígena autêntica da época.

A particularidade ouvida por Gallet (1934) nessas gravações é, justamente, a utilização dos intervalos menores ao semitom, em base nos quartos de tom. Tal característica foi desprezada pelos viajantes europeus no momento de elaborarem as transcrições musicais com base na observação dos cenários musicais dos indígenas. Outro importante apontamento do compositor se refere à confirmação de que os povos indígenas se utilizavam da polifonia, embora, mais uma vez, de modo aquém em relação à compreensão daqueles que conheciam a polifonia convencionalmente europeia. Gallet (1934) concluiu que, ao cantar repetidas vezes os motivos, em determinado momento se gera uma "teia sonora" ininterpretável pelo ouvido habituado à música ocidental.

Falar da música isoladamente na cultura indígena, assim como em outras culturas da Antiguidade, pode gerar certa complexidade de compreensão. Isso porque, para tais indivíduos, ela está intrinsicamente associada às danças e aos rituais. Ou seja, esse conjunto de práticas era entendido como uma única manifestação cultural indissociável, a qual poderia se revelar em uma encenação mítica ou, então, despontar nas festas coletivas. Inclusive, a prática coletiva estava fortemente presente no contexto das realizações culturais. Tanto homens quanto mulheres têm seu papel na *performance* dos rituais de dança e música. Entretanto, não podemos afirmar que a interpretação musical individual não era observada nesse cenário. Pelo contrário, apesar do forte apelo das práticas coletivas, o canto individual era utilizado na prática de encantamentos e ritos de cura de doenças, ou para conquistar algum benefício específico para a comunidade – como atrair as chuvas, por exemplo. Depois de entoadas, as melodias gradativamente passavam a fazer parte da memória coletiva da tribo.

Tais rituais apresentavam uma forte alusão ao elo homem-natureza, traduzindo essa ligação como quase inseparável. A conexão dos indígenas com a natureza não foi satisfatoriamente compreendida pelos europeus, que, consequentemente, não mencionaram adequadamente esses eventos em seus relatos, tampouco nas transcrições melódicas.

1.2 O Recife holandês e os vestígios da presença dos judeus

Quando falamos da colonização brasileira, remontamos à chegada dos portugueses em nosso território e pensamos em um processo colonizador essencialmente português, e de fato, incontestavelmente, foi exatamente o que aconteceu. Contudo, não seria correto afirmar que outros povos não exerceram influência cultural em nossa história, inclusive porque muitos desses povos também aqui chegaram, exploraram ou, até mesmo, fixaram-se no Brasil. Entretanto, o predomínio português acarretou a coibição parcial de manifestações religiosas diferentes da católica, a qual tinha forte influência em Portugal.

Apesar desse contexto, entre 1630 e 1655, houve um predomínio holandês em Pernambuco. Nesse curto espaço de tempo, a região foi amparada por uma nova atmosfera de tolerância religiosa, principalmente frente ao judaísmo. Embora se trate de um período de poucos anos, não podemos discriminar a influência das práticas musicais que surgiram e, eventualmente, foram absorvidas nesse cenário.

Cunha (2018) defende que a presença dos judeus na Capitania de Pernambuco teve impacto não somente no Estado em si, mas em todo o país. Ainda de acordo com o autor, esse impacto pode ter atingido todo o continente americano. Ele explica que, a partir da expulsão dos holandeses do Brasil, os judeus, essencialmente concentrados nessa região, passaram a sofrer perseguição, razão pela qual também deixaram o país. Dessa forma, novos movimentos migratórios surgiram.

> **Pausa para a escuta**
>
> Aponte a câmera do celular para o QR Code ao lado e conheça um pouco mais sobre o maxixe na pesquisa realizada por Régis Duprat e Neide Rodrigues Gomes, que deu origem ao álbum intitulado *Três séculos de música brasileira: maxixe*, com 12 faixas disponíveis para você apreciar e ampliar seu repertório musical.

1.2.1 O judaísmo e a música no Brasil colonial

De acordo com os estudos de Mário de Andrade, é possível verificar a influência da estrutura musical judaica na cultura popular do nordestino. Contudo, para tratarmos das práticas musicais em si, vamos nos deparar com a realidade da oralidade das canções judaicas do período colonial – assim como abordamos sobre as músicas indígenas –, intercorrendo nas mesmas dificuldades vinculadas ao estudo dessas práticas musicais do período. O acervo documental também carece dessas informações. Apesar disso, Kiefer (2001) obteve um poema de Isaac Aboab da Fonseca, que era a pessoa responsável pela sinagoga do Recife justamente no período do domínio holandês. De acordo com o autor, esta foi a primeira sinagoga das

Américas. Em sua pesquisa, Kiefer (2001) indicou três obras dos cantos provenientes das sinagogas dos quais foram encontrados registros da época do domínio holandês. Apesar da escassez de documentação referente à época, principalmente no âmbito musical, como a ausência de uma notação musical oficial, por exemplo, o autor sugere, em seu trabalho, a reelaboração do que teriam sido essas obras, a partir da documentação disponível.

Musicólogos do passado também procuravam por meios de reconstruir a música brasileira com base em fragmentos, como fonogramas, partituras dos compositores do período ou, ainda, incluindo em suas análises as influências e a bagagem cultural dos compositores em questão, a fim de, dessa forma, desenvolver uma pesquisa, até certo ponto, o mais científica possível. Como exemplo, podemos citar o escritor Mário de Andrade, musicólogo brasileiro da primeira metade do século XX. No período, havia um grupo de compositores com um interesse em comum: buscar as raízes da música brasileira. Nesse meio, Andrade foi uma das principais fontes e influências a colaborar com o intuito do grupo.

Em 1938, Mário de Andrade obteve recursos do Departamento de Cultura para a Missão de Pesquisas Folclóricas, que era composto por ele, Luís Saia, Martin Braunwieser, Benedicto Pacheco e Antônio Ladeira. Nesse mesmo ano, eles percorreram regiões dos estados do Ceará, Pernambuco, Paraíba, Piauí, Maranhão e Pará. A viagem foi motivada pelas pesquisas de Mário de Andrade, ainda nos anos 1920, quando concluiu que as manifestações culturais brasileiras tinham um significativo potencial a ser explorado.

> **Pausa para escuta**
>
> Aponte a câmera do celular para o QR Code ao lado e conheça um pouco mais sobre a pesquisa realizada por Mário de Andrade, intitulada *Missão de pesquisas folclóricas - CD1 Pernambuco, 1938*. A pesquisa completa é composta seis CDs, que trazem compilações de músicas baseadas por estados.

Andrade (1987) inferiu a influência de elementos dos cantos sinagogais sobre o aboio, que consiste em um melancólico canto nordestino entoado na condução das boiadas pelos sertanejos do Nordeste. No aboio, a construção da canção vem em torno da vocalização oscilante entre as vogais *a* (aberto) e *o* (fechado – ô). A relação entre as duas práticas musicais também está nas inflexões dos cantos sinagogais e nas sustentações vocais, bem como nos intervalos menores que o semitom, além da sustentação das vogais por um tempo relativamente longo.

1.3 Gregório de Matos e a música no recôncavo baiano

Nascido em Salvador, em 1636, Gregório de Matos pertenceu a uma família de classe média alta e viveu até 1695, período compreendido em um contexto de produção poético-musical baiana do século XVII. Com relação à produção cultural da Bahia nesse período, precisamos observar que Salvador era a capital política do país (mais precisamente, entre 1549 e 1763), fato categoricamente relevante nas definições das práticas da sociedade brasileira daquele tempo, fossem estas manifestações artísticas, culturais ou práticas sociais.

Além de advogado, Gregório foi um reconhecido poeta do período barroco, tanto em Portugal quanto no Brasil. Sua poesia satírica converteu-o em uma importante "voz" e influência na formação do povo do Brasil Colônia, conforme mencionado por Budasz (2004, p. 7):

> Matos foi o primeiro crítico do Brasil. Suas descrições e opiniões envolvem tanto a música da elite quanto aquela que se ouvia nas festas populares e nos bordéis. O fato de ser instruído musicalmente dá mais peso aos seus comentários, aqueles em que descreve os frades desafinando, ou quando relata suas impressões sobre um concerto de canto e violoncelo pelas freiras dominicanas de Portugal.

1.3.1 Gregório de Matos: o "Boca do Inferno"

Ao falarmos sobre a "poesia satírica", é preciso lembrar que estamos tratando de acontecimentos do século XVII. Ora, se ainda hoje os temas das músicas escritas por Matos poderiam gerar estranheza ou desconforto, quão mais inadequados e inapropriados seriam considerados por qualquer moralista da época.

Para contextualizarmos, a fim de compreender melhor o porquê de Gregório de Matos ter sido apelidado de "Boca do Inferno", lembremos que o Brasil nos idos dos anos 1600 tornava-se uma colônia essencialmente portuguesa, e Portugal era um reino fortemente católico. Logo, a proliferação de canções profanas executadas por violeiros era um problema eminente (Budasz, 2004), e é exatamente nesse ponto que a obra de Matos aparece. Ele não somente recorreu à tradição dos trovadores[2] do século XVI, mas também explorou temas próprios de sua época, entre poesias, quadras e estribilhos provenientes de cantigas populares. Sob essa ótica, Tinhorão (1998, p. 55) observa que os textos de Matos, os quais eram carregados de ironia e sarcasmo, exerceram influência na vida cotidiana em Salvador e em outros centros do recôncavo baiano. Os textos satirizavam os estereótipos e problemas sociais vivenciados tanto no Brasil quanto em Portugal.

Cantigas, cançonetas e romances ganhavam os textos de Gregório de Matos, resultando na oportunidade de difundir suas ideias acerca dos fatos engraçados e dos acontecimentos cotidianos da sociedade local, sempre acompanhados da viola. Para Tinhorão (1998, p. 57), sua extensa obra de poesias musicadas com instrumentos justificaria a orientação do estudo de sua obra como "versos de música popular", ao contrário de ser classificada como "obra poética".

A importância histórica de Gregório de Matos vai além de seus feitos poético-musicais de sua própria época. Sua obra está repleta de informações que ajudam a remontar a música ouvida nos centros urbanos do século XVI. Conforme Budasz (2004, p. 7), Matos comentava e criticava detalhadamente as funções musicais e teatrais do período, além de descrever como eram as danças. O escritor também mencionava os nomes de peças, cantores e músicos e discorria informações sobre as músicas referentes tanto às festas populares quanto às da elite. Tocador de viola, teve certo critério para estabelecer suas apreciações e seus julgamentos, tornando-se um dos primeiros críticos musicais do país.

...
2   Segundo Bornholdt (2021, p. 56), os trovadores foram "músicos itinerantes que evocaram temas seculares, não relacionados à Igreja".

Um exemplo, na prática, das informações providas por Gregório de Matos acerca da música está presente na seguinte cançoneta por ele composta: "que bem bailam as mulatas. Que bem bailam o Paturi. Não usam de castanhetas. Porque cos dedos gentis. Fazem tal estropeada. Que de ouvi-las me estrugi."(Matos, citado por Tinhorão, 1998, p. 71). Um musicólogo com fontes escassas encontra aqui a oportunidade de extrair uma importante informação: no período em questão (1680-1690), dançava-se usando estalos de dedos ("cos dedos gentis. Fazem tal estropeada"), algo característico do fandango ibérico.

Desde os tempos dos troveiros e trovadores, a música profana era executada com o auxílio de instrumentos musicais. Como estamos falando de músicos itinerantes, é importante ressaltar a importância de se contar com instrumentos que fossem fáceis de transportar, como o alaúde[3], por exemplo, cuja versatilidade vai além: trata-se de um instrumento harmônico, que pode tranquilamente acompanhar vários gêneros musicais. No caso de Gregório de Matos, o instrumento elegido era uma espécie de viola de cordas beliscadas[4] que, assim como o alaúde, foi precursora do violão. A viola da época dispunha de algumas variações, como a *vihuela* espanhola e a *vihuela* barroca, que deram origem à viola caipira brasileira, bem como aos violões portugueses e espanhóis.

...

3   Os alaúdes têm um braço ligado a uma caixa de ressonância, e as cordas são paralelas ao corpo. O instrumento é categorizado de acordo com o método de produção do som em alaúde beliscado e alaúde de arco (Siqueira, 2020).

4   Segundo Bornholdt (2021), nos instrumentos cordofones friccionados, as cordas entram em atrito com o arco, a exemplo do violino; nos cordofones beliscados, as cordas são puxadas e, em seguida, soltas, a exemplo da harpa, cujas cordas são puxadas com a ponta dos dedos ou com as unhas; por fim, nos cordofones percutidos, as cordas são golpeadas, como em um piano, em que são acertadas por martelos.

Nesse período, a educação musical estava presente em meio à alta sociedade, e era procurada pelas famílias mais ricas. Tal busca não estava exatamente associada à aspiração da formação profissional em Música, mas sim a promover a formação cultural do indivíduo, à qual a música estava relacionada, como um dos "elementos de civilidade" (Budasz, 2004, p. 9). Para a prática da instrução musical, a viola era usualmente utilizada.

Mesmo com toda a censura católico-portuguesa, havia, até certo ponto, alguma tolerância às práticas de músicas e danças de origem africana vinculadas aos rituais e cultos afro-brasileiros. Determinadas danças e festejos acabavam por ser permitidos, desde que monitorados com o objetivo de evitar os "excessos" de acordo com o julgamento dos senhores de terra. É possível observar, nos versos de Gregório, a história retratada nesse contexto. Por exemplo: "Não há mulher desprezada, galã desfavorecido, que deixe de ir ao quilombo, dançar o seu bocadinho" (Matos, citado por Budasz, 2004, p. 13).

1.4 A música sacra em Minas Gerais no século XVIII

As atividades musicais no contexto artístico de Minas Gerais, no século XVIII, embora enalteçam a produção artística da época, eram pouco conhecidas até meados da década de 1940, quando o musicólogo Francisco Curt Lange, em suas pesquisas ao acervo de arquivos particulares de irmandades religiosas de Minas Gerais, concluiu que em diversas regiões desse Estado ocorreram manifestações culturais por meio de atividades musicais, bem como de outras relacionadas às artes plásticas.

1.4.1 Música colonial mineira

A atividade de mineração estimulou o desenvolvimento de novos centros urbanos, cujas condições propícias favoreceram a ampliação de práticas culturais. A partir disso, pode-se apontar que o crescimento econômico gerado pela atividade de mineração do ouro consistiu em um fenômeno essencial para o impulsionamento das práticas musicais. Indo além nesse raciocínio, esses novos centros urbanos, segundo Cano (1977), acompanharam a grande diversificação das atividades produtivas. Tal acontecimento foi desencadeado pelo regime mercantilista emancipado nas cidades mineiras, o qual promoveu, em certa medida, um comportamento cosmopolita que desbancou as práticas latifundiárias da época.

Do ponto de vista externo, a qualidade musical resultante desse contexto era notável, o que pode ser confirmado pelos relatos de observações dos viajantes internacionais. O naturalista e viajante francês Augustin de Saint-Hilaire cita, por exemplo, a qualidade de *performance* dos músicos em uma missa, principalmente ao tomar conhecimento de que todos eram brasileiros natos. Nesse relato, Saint-Hilaire elogia a execução musical e provoca uma comparação com algumas cidades francesas, questionando se estas seriam capazes de produzir algum evento similar com a mesma qualidade musical (Kiefer, 1997).

O desenvolvimento econômico proveniente da atividade de mineração não somente proporcionou um ambiente frutífero para a expansão das manifestações artísticas, incluindo as musicais, mas também incubou práticas religiosas de portes cada vez maiores, dando espaço a execuções musicais com vastos conjuntos instrumentais. Irmandades[5] e Ordens Terceiras ganhavam força e tornavam-se grandes entidades que possibilitavam cada vez mais o acesso à cultura e à arte. Isso porque elas contratavam os grandes grupos musicais para festividades e eventos oficiais, destacando-se as missas. Os grupos poderiam ser formados por cinco pessoas, sendo compostos por três vozes masculinas e uma ou duas infantis – para contribuir com o soprano agudo –, além dos membros da orquestra, usualmente disposta em um par de violinos e um baixo (no naipe das cordas), um par de trompas e pares de flautas e/ou oboés (Castagna, [S.d.]).

Esse fenômeno de crescimento fomentou a competitividade entre as Irmandades, o que viria a instigar músicos e compositores a uma constante busca por atualização de acordo com as práticas de composição europeias. Referido fenômeno desencadeou o desmembramento de dois novos fenômenos: a proliferação de compositores entre os mulatos pertencentes às classes sociais intermediárias do Brasil Colônia, e a busca pelo domínio de mais de um estilo composicional por parte dos compositores (pré-clássico, originário da Itália e amplamente difundido em Portugal) (Castagna, [S.d.]).

Antes ocultos, vários compositores desse contexto acabaram revelados por meio das pesquisas de Curt Lange, tais como: José

...
5 São instituições religiosas compostas por leigos que tinham como objetivo comum ajudar os membros da própria comunidade. Além das irmandades de população branca, como a do Santíssimo Sacramento e da Santa Cruz dos Militares, por exemplo, havia as irmandades de negros, pardos e mulatos, entre as quais destacam-se as de Santo Elesbão e Santa Efigênia, do Amparo e dos Remédios. Tais organizações visavam cultivar o catolicismo popular.

Joaquim Emerico Lobo de Mesquita (1746-1805), Marcos Coelho Neto (1763-1823), Ignácio Parreira Neves (1736-1794) e Francisco Gomes da Rocha (1745-1808). Estes, entre outros compositores, sentiram a necessidade profissional de buscar o aprendizado das técnicas composicionais provenientes dos polos culturais europeus, pois havia pressões geradas não somente pela concorrência entre irmandades, mas também entre os próprios compositores, conforme já abordado anteriormente. Dessa forma, vale ressaltar que tal reação justifica a presença de cópias de obras de importantes compositores europeus nos acervos das Irmandades de Minas Gerais, as quais provavelmente foram usadas como material de estudo para o desenvolvimento de estilos composicionais mais sofisticados, garantindo ao compositor o domínio de mais de um estilo, o que lhe possibilitaria ser mais competitivo em obter a atenção de tais instituições.

Neves (2000) comenta que a Coroa portuguesa proibiu a importação de obras de fora da colônia, interrompendo compulsoriamente o acesso dos compositores às obras europeias e seus estilos composicionais. Nesse contexto, se, por um lado, temos compositores cuja fonte de materiais de estudo foi atravancada, por outro lado, temos os mesmos compositores já detentores de algum conhecimento dos estilos composicionais europeus, mas, dessa vez, de certa forma forçados ou, em outras palavras, estimulados a pôr em prática todo seu conhecimento para trabalhar sem novas influências. Apesar de parecer um momento desafiador, os compositores mineiros passaram a escrever com maior liberdade, o que resultou, com o tempo, em um estilo próprio que atendia mais precisamente os objetivos religiosos. Posteriormente, esse estilo ramificou-se em diversos gêneros de composição, os quais, incorporados pelas práticas musicais do século XIX, foram gradativamente inseridos em obras musicais no contexto exclusivamente brasileiro, ao passo que eram dissociados do poderio da Igreja.

Antes das pesquisas de Curt Lange,, os atores musicais eram pouco conhecidos. Embora seu trabalho na década de 1940 tenha tido importância nesse aspecto, somente nos idos dos anos 1960 foram realizadas interpretações históricas da música colonial de maneira mais criteriosa, através da busca por mais edições de manuscritos. Criações de festivais de música antiga e de grupos que interpretavam música colonial da América Latina estimularam novas discussões e pesquisas acerca da música produzida no contexto sacro mineiro do século XVIII.

1.5 Modinhas de Portugal e do Brasil

De acordo com Castagna ([S.d]), durante a segunda metade do século XVIII, surgiu um estilo particular de canção camerística, manifestada primeiramente em Portugal e, em seguida, no Brasil. Para o autor, nesse período, o termo *moda*, no país europeu, era empregado para designar todo tipo de canção camerística em uma ou mais vozes com acompanhamento instrumental. Para esse estilo particular, deu-se o nome *modinha*. Lima (2010, p. 15) definiu a modinha como "canção lírica, que tematiza o amor ideal, poética e musicalmente comprometida com o estilo vigente na segunda metade do século XVIII."

Com a classe média e a urbanização, a modinha se tornou um gênero musical em ascensão. Foi resultado da busca de um produto musical que representasse o cotidiano dessa classe econômica e acabou atendendo à demanda tanto no Brasil quanto em

Portugal. A partir desse contexto, a modinha chegou aos salões da corte portuguesa. Trinta manuscritos das modinhas do Brasil estão na Biblioteca da Ajuda de Lisboa. Entre as características de tais canções, destacam-se a utilização do baixo contínuo[6] e as linhas melódicas para duas vozes.

A modinha se tornou um fenômeno musical urbano, assim como outros gêneros em outras regiões da Europa.

1.5.1 A modinha: da rua para a corte

Ao longo do século XVIII, o Brasil Colônia recebeu a importação da moda portuguesa graças aos ciclos migratórios provenientes de Portugal. À medida que a colônia portuguesa recebia essa influência, tal estilo de canção sofria as modificações e adaptações que o tornariam a modinha brasileira. Com temas populares e profanos, o estilo se espalhou para diversas regiões, entre as quais se destacam Rio de Janeiro, São Paulo e Bahia, local onde, de acordo com Cernicchiaro (1926), teria sido criada.

Assim como em Portugal, a modinha brasileira estava sempre vinculada às camadas sociais populares. Ela foi capaz de atender às expectativas de homens e mulheres em um momento no qual ocorria uma aproximação maior entre gêneros, sendo essa uma marca da sociedade moderna definitivamente urbanizada (Tinhorão,

---

6   De acordo com Bornholdt (2021, p. 152), com o baixo contínuo, também chamado de *baixo cifrado*, "tal harmonia podia ser improvisada, complementando o acorde com as notas necessárias, sempre acima da linha do baixo o que muitas vezes produzia acordes com baixo invertido. O intérprete também tinha a liberdade para incorporar notas de passagem e, por vezes alguma imitação da melodia, a fim de incrementar o arranjo".

1998), na qual a música não mais se limitava às práticas eruditas de serenatas a várias vozes.

A inserção da modinha na nobreza pode ser atribuída a um fenômeno generalizado na Europa, na segunda metade do século XVIII, que consistiu em uma progressiva mudança de hábitos dessa classe, em contraposição à ascensão da burguesia. O novo cenário abriu espaço para entretenimentos mais leves, muitas vezes desprovidos da intelectualidade e formalidade da arte erudita – são características da ópera e da música religiosa, por exemplo (Castagna, [s.d.]). A modinha era de fácil execução, sendo um tipo de música recorrente em festas e momentos de lazer, razão pela qual ganhou espaço e passou a ser apreciada nesse meio.

Embora a moda portuguesa tenha atravessado o Atlântico e dado origem à modinha brasileira, foi justamente um brasileiro que exerceu uma importante contribuição à moda em Portugal. Trata-se do mulato tocador de viola Domingos Caldas Barbosa (1740-1800). Conforme Tinhorão (1998), Caldas Barbosa demarcou a criação desse primeiro gênero de canto brasileiro voltado a atender ao gosto da classe média. A inovação do gênero brasileiro que influenciou o gênero português está no conteúdo poético-textual relacionado a temas de amor, descrevendo suas imprudências e liberdades, além de versejar para as mulheres (Tinhorão, 1998).

Caldas Barbosa passou a viver em Portugal após 1770, quando começou a empregar seu estilo nos salões de Lisboa. Esse gênero da canção passou a ser conhecido na corte como "moda brasileira". Assim, o compositor ficou conhecido e obteve um considerável *status* social, graças ao qual passou a fazer parte da nova Arcádia de Lisboa sob o pseudônimo "Lereno Selinuntino" (Castagna, [s.d.]). Provavelmente, o próprio Carlos Barbosa foi quem chamou a moda brasileira de "modinha", à qual passou a se dedicar integralmente a partir de 1775. Seus textos poéticos foram publicados em 1798 na coletânea intitulada *Viola de Lereno*. Em 1826, após sua morte, um segundo volume foi publicado.

Comparativamente, as modas brasileira e portuguesa, em questões melódicas, não tinham significativas variações entre si, permanecendo ambas vinculadas às melodias derivadas de árias e duetos operísticos (Castagna, [S.d.]). Todavia, em seu texto, de acordo com relatos da época, diferentemente da moda portuguesa, a moda brasileira explorava o tema do amor, com assuntos abordados permissivamente e certo grau de ousadia aos padrões de então.

Ainda, as narrativas evidenciam a relevância da modinha entre os níveis sociais, posição defendida pelos críticos desse novo tipo de canção poética, como sugere o seguinte trecho de 1779, do poeta português Nicolau Tolentino de Almeida: "Cantada a vulgar modinha, que é a dominante agora, sai a moça da cozinha, e diante da senhora vem desdobrar a banquinha" (Castagna, [s.d.], p. 4).

O resultado do desenvolvimento da modinha no fim do século XVIII, a qual seguiu amplamente utilizada no século seguinte, foi um tipo de canção de salão, agora para uma voz, acompanhada por piano, difundida não somente na classe média, como também inserida na cultura da burguesia: "A linha melódica do canto torna-se mais diferenciada melódica e ritmicamente e leva, pela sua constante alteração de tempos fortes, a uma característica oscilação de acentos" (Castagna, [S.d.], p. 7). Os textos literários predominantemente relacionados a temas de amor permaneceram, assim como na modinha em desenvolvimento da metade do século XVIII. Com relação ao texto, normalmente a primeira pessoa é a figura de um homem, o qual se dirige à mulher pela qual estaria interessado ou que idealiza.

A construção melódica parece ganhar uma conotação sentimental, promovendo um encaixe adequado à temática. Uma das técnicas para obter esse resultado melódico é o uso frequente dos contrastes de tons maiores e menores.

Síntese

Neste capítulo, estudamos os diversos contextos musicais do Brasil Colônia, que nos auxiliaram a compreender a formação da base cultural que desencadeou o desenvolvimento da música brasileira. Do exposto, abordamos os seguintes pontos:

- A inserção da música jesuíta entre os indígenas como estratégia durante o processo de catequização, bem como a apropriação de determinados elementos indígenas aplicados à música jesuíta.
- A escassez de recursos históricos e formas de registro físico que permitissem aos musicólogos reconstruir as *performances* de música pelos indígenas de maneira fidedigna. Apesar disso, tais estudiosos estabeleceram alguns padrões característicos nas práticas musicais dos povos originários, além de sugerir a forma como a música era compreendida e relacionada no cotidiano das tribos.
- A influência, por um curto espaço de tempo, da música judaica em Pernambuco, por meio da colonização holandesa no século XVII, sugerindo aos estudiosos que a escuta crítica daquele cenário musical poderia revelar o possível berço da música nordestina que surgiria na sequência.
- O protagonismo de Gregório de Matos no meio musical baiano do século XVII, principalmente por ter sido um narrador de seu próprio tempo, provendo uma fonte de pesquisas para os futuros

musicólogos que viriam a estudar as manifestações desse período. Ainda, é importante retomar que Matos utilizava-se da sátira para criticar os estereótipos da sociedade, apresentando seu conteúdo à moda dos trovadores do século XVI, ou seja, como romances sob o acompanhamento da viola.

- O contexto da música mineira do século XVIII, que desencadeou o aumento da demanda por músicos e compositores por parte das irmandades da Igreja e, consequentemente, a especialização desses profissionais de acordo com a música erudita europeia. Sobre isso, o ponto principal a ser lembrado se refere à proibição, por parte da Coroa portuguesa, da importação de partituras europeias pelas colônias em 1750, o que compulsoriamente impulsionou a emancipação desses músicos. Assim, estabeleceu-se uma atmosfera propícia para o desenvolvimento da música erudita com traços e influências exclusivas do Brasil Colônia.
- Finalmente, entre a segunda metade do século XVIII e o início do século seguinte, sendo inclusive de extrema importância para este, desenvolveu-se a modinha em Portugal e no Brasil, gênero que, por meio de temas populares, buscava atender às demandas de uma classe social média emergente, desprovida da necessidade de conhecer as regras eruditas de composição. É essencial recordar que a modinha, embora inicialmente elaborada para o povo, acabou abraçada pela burguesia e pela Coroa portuguesa, tomando conta dos salões de Lisboa.

Atividades de autoavaliação

1. Mesmo antes de os portugueses chegarem ao Brasil, os povos indígenas já tinham suas próprias práticas culturais. A esse

respeito, assinale a seguir a alternativa que apresenta uma das consequências sofridas pelos indígenas após a chegada dos jesuítas:
a) Os cantos dos indígenas acabaram sendo influenciados pelas músicas dos jesuítas.
b) As práticas musicais dos povos indígenas não se alteraram após a chegada dos jesuítas.
c) As práticas musicais desses povos receberam grandes tambores, a exemplo dos tímpanos.
d) Todas as canções indígenas passaram a ser acompanhadas por piano.
e) Todas as danças indígenas eram realizadas em silêncio, sem nenhum instrumento e canto, em decorrência da imposição dos jesuítas.

2. Gregório de Matos exemplificou e ilustrou o cenário da narrativa poético-musical da história da música brasileira. Sobre isso, assinale a alternativa correta:
a) Gregório de Matos foi o maior compositor e musicista que executou obras de Stravinsky.
b) Gregório de Matos se tornou uma peça fundamental para a exploração sob a ótica da musicologia, em razão da forma com a qual exemplificou a narrativa poética de seu tempo.
c) Gregório de Matos se tornou uma peça fundamental para a exploração dos instrumentos trazidos da África para o Brasil.
d) Gregório de Matos ficou conhecido por elaborar o cancioneiro brasileiro.
e) Gregório de Matos ficou conhecido pela *performance* no cravo e por ter sido maestro da primeira orquestra brasileira.

3. No século XVI, as violas dispunham de algumas variações, como a *vihuela* espanhola e a *vihuela* barroca, que deram origem a alguns instrumentos. Quais são eles?
   a) Piano e saxofone.
   b) Piano e bateria.
   c) Viola caipira brasileira, violões portugueses e espanhóis.
   d) Viola caipira brasileira e piano.
   e) Violão e saxofone.

4. Em 1750, a Coroa portuguesa sancionou a proibição da importação de partituras europeias pelas colônias. De que forma essa proibição afetou a música no período?
   a) Ocasionou compulsoriamente a venda ilegal de partituras e motivou a *performance* das orquestras.
   b) Impulsionou o aumento da música jesuíta dentro da corte.
   c) Estimulou o aumento das músicas africanas dentro da corte.
   d) Acarretou compulsoriamente a emancipação dos músicos e compositores, contribuindo para engendrar uma atmosfera propícia para o desenvolvimento da música erudita, com traços e influências exclusivas do Brasil Colônia.
   e) Desmotivou os músicos, fazendo com que todos parassem de tocar por um século.

5. Assinale a alternativa que corresponde ao que entendemos por *modinha*:
   a) Trata-se de um gênero musical.
   b) Trata-se de um instrumento musical.

c) Trata-se de um livro que contém várias canções.
d) Trata-se de um tipo de nomenclatura musical.
e) Trata-se de uma expressão de dinâmica na música.

Atividades de aprendizagem

Questões para reflexão

1. As temáticas das modinhas que chegaram com os portugueses se referiam a assuntos sem complexidade, e sua construção musical poderia ser desprovida de técnicas composicionais eruditas. Assim, as modinhas atingiram primeiramente uma classe média emergente, ao contrário do que acontecia na época, quando a música erudita era produzida para atender às demandas da coroa e da burguesia. Com base nesse contexto, reflita: Em sua visão, esse fenômeno ocorrido na segunda metade do século XVIII pode ter exercido influência significativa na produção musical brasileira atual e na forma de apreciarmos a música? De que maneira você pode justificar seu ponto de vista, considerando o atual cenário?

2. Em 1750, a Coroa portuguesa proibiu a importação do acervo de partituras por parte do Brasil Colônia. Nesse momento, os compositores em Minas Gerais já aplicavam as técnicas composicionais europeias aprendidas com os acervos que constavam nas irmandades. Contudo, desse momento em diante, com sua "bagagem" de conhecimento técnico prévio, eles precisaram seguir compondo sem a oportunidade de continuar

acompanhando as tendências europeias. Sob essa perspectiva, pode-se afirmar que esse marco contribuiu para o surgimento de um estilo composicional brasileiro, que agregava aspectos da cultura popular, não perdendo em qualidade se comparado ao europeu. Em outras palavras, "dos limões da vida", os compositores "fizeram uma limonada". Você concorda com essa afirmação? Explique seu ponto de vista.

Atividade aplicada: prática

1. Acesse o YouTube e faça uma busca pela palavra-chave *modinha brasileira*. Selecione uma delas e aprecie. Depois, elabore um plano de aula abordando como você utilizará a modinha para ensinar música e planeje uma prática musical com essa peça. Para auxiliá-lo, organize suas considerações no quadro a seguir:

Título da música	
Autoria	
Tempo de duração	
Objetivo	
Conteúdo musical a abordar	
Detalhamento da atividade	
Primeiro momento	
Segundo momento	

Capítulo 2
A PRESENÇA DA CORTE E O BRASIL MONÁRQUICO

Elaine Stroparo Bülow
Jeimely Heep Bornholdt

Neste capítulo, pretendemos trazer algumas reflexões sobre o Brasil durante o período monárquico. A chegada da corte portuguesa acarretou mudanças significativas em questões relacionadas à vida cultural, social e musical no país no século XIX.

Considerando o exposto, os temas que abordaremos são: o impacto dessa chegada ao Brasil; a redução das atividades musicais e as estratégias de adaptação dos músicos a esse cenário; a criação do Conservatório Imperial; a polca europeia e sua contribuição para a formação do maxixe.

O estímulo à produção musical nesse momento foi influenciado pela transferência da corte. Esse período se mostrou como um interessante contexto para novas trocas de experiências culturais, mas de modo bastante delicado e um tanto peculiar. Isso porque, de um lado, havia os imigrantes europeus, e do outro, os povos africanos trazidos como escravos em um comércio altamente lucrativo. Estes passaram a conviver com os nativos do país, vivendo processos de trocas culturais, mas, paralelamente, também um processo de desculturação.

Podemos considerar que cada cultura foi se apropriando da outra, entretanto, sem qualquer neutralidade. Mas foi justamente a fusão dos cantos coletivos com os elementos presentes na música indígena, nas síncopes imersas na música africana, capazes de quebrar os padrões rítmicos previsíveis, e na estruturação musical evidenciada pelos povos europeus que originou a elaboração e concepção da música popular brasileira.

2.1 O período joanino e o Primeiro Reinado

No início do século XIX, as ameaças de perda de território e de poder instigadas pelas guerras napoleônicas impulsionaram a vinda da Família Real e de cortesões de Portugal para o Brasil. Entretanto, seriam tais ameaças o verdadeiro motivo por trás desse cenário ou apenas um tipo de estratégia? "Desde os tempos de D. João III, depois nos reinados de D. João IV e de D. Luíza de Gusmão, a monarquia já admitia um projeto de se instalar fora das mediações de Portugal e se estabelecer em algum lugar do ultramar" (Budasz, 2011, p. 26).

Por essa razão, as opiniões sobre a retirada da corte de Portugal não são unânimes, pois o abandono do trono poderia ser o único subterfúgio capaz de manter a casa monárquica. Vale ressaltar que a corte já havia sido alertada pelo Marquês de Alorna a respeito de favoritismos que tal evento acarretaria, além do fato de que os franceses novamente estavam incomodando com novas ameaças.

Com efeito, a aliança com a Inglaterra, permeada por acordos diplomáticos, impulsionava vantagens e negócios e confiava no potencial econômico do Brasil, bem como na possibilidade de conquistas de terras vizinhas (Budasz, 2011).

Com base em todos esses fatores, em 1808, a corte portuguesa chegou ao Brasil com a Família Real. O desembarque ocorreu em Salvador, e posteriormente os integrantes da comitiva se firmaram no Rio de Janeiro, marcando, assim, o início de transformações significativas no Brasil em vários aspectos.

Por aqui se estabeleceu um novo país, com uma nova estrutura de governo, contando com a Justiça, a Marinha brasileira, o Banco do Brasil e a imprensa, além da abertura de portos da construção de novas estradas. Conforme cita Fausto (2013, p. 125):

A vinda da família real deslocou definitivamente o eixo da vida administrativa da colônia para o Rio de Janeiro, mudando também a fisionomia da cidade. Entre outros aspectos iniciou-se aí uma vida cultural. O acesso aos livros e a uma relativa circulação de ideias forma marcadas distintivas do período. (Fausto, 2013, p. 125)

Ora, por um lado, sabe-se que a transferência da corte acarretou o desenvolvimento da estrutura do país em diferentes esferas, inclusive na cultural, a qual, impulsionada por esse fenômeno, promoveu a abertura de teatros, bibliotecas e academias literárias.

Segundo Kiefer (1997), antes da chegada da corte, havia apenas um teatro na cidade: a Ópera Velha. Conforme o autor, não existem notícias da criação de uma ópera brasileira até a presente época. Além disso, também nesse período veio a público o primeiro jornal editado na Colônia, para atender à corte e à demanda da população urbana em constante expansão (Fausto, 2013).

Em uma abordagem historiográfica, a chegada da corte no Brasil representou um interessante marco para engendrar reflexões a respeito da função e do significado da música (Gondra; Schueler, 2008), além de ocasionar o aumento da circulação de pessoas e, com efeito, de produtos e demandas vigentes, que acabavam por projetar práticas culturais semelhantes às que permeavam a vida da monarquia europeia.

Para refletir

Tendo em vista os fatos evidenciados no período joanino, podemos considerar que o deslocamento da corte acarretou aspectos positivos para o desenvolvimento da nação?

Entre o final do século XVIII e as primeiras três décadas do XIX, foram registrados os mais altos índices da chegada de africanos escravos via Rio de Janeiro. Essa empreitada também é vinculada à prosperidade dos grandes comerciantes locais (Fragoso, 1992).

É imprescindível salientar que o suposto desenvolvimento, tratado de modo idealizado por alguns, ocorreu às custas do massacre de populações de escravos e da exploração de mão de obra de povos africanos e indígenas, com o objetivo de adequar toda a estrutura necessária para servir aos interesses da corte.

A escravização de pessoas foi uma das marcas evidenciadas no processo de colonização portuguesa no Brasil, o que, obviamente, está longe de ser algo honroso, e sim trágico. A escravidão se perpetuou por um longo período e deixou marcas irreparáveis nos povos e nas culturas envolvidos e distantes de suas pátrias, trazidos em condições deploráveis como mão de obra e para viver em cativeiro.

Na época, em função desse contexto social, pela crescente demanda da população, fosse de livres ou de escravos, o Rio de Janeiro já contava com compositores significativos, tais como Lobo de Mesquita e José Nunes Garcia (popularmente, Mestre da Capela, que se tornou uma das maiores expressões da história da música brasileira). Além deles, havia um vasto número de compositores ilustres, porém anônimos, os quais também contribuíram significativamente para a formação e elucidação de nossa música (Budasz, 2011).

No período joanino, em virtude das razões recém-apresentadas, aconteceram intensas atividades musicais, entre as constantes e permanentes trocas vivenciadas pela população que aqui já habitava, acrescidas das interações entre os novos compositores oriundos de Portugal, os músicos coloniais, e os músicos populares, permeados por um contexto de batuques, lundus e modinhas que fizeram parte da vida nos novos centros urbanos.

Ainda na mesma época, ocorreu a construção de faculdades de Medicina, de museus e de bibliotecas no Rio de Janeiro. Por meio de tais ações, o Brasil também recebeu grandes nomes da ciência e das artes, que migraram da Europa. Os trabalhos desses artistas realizados aqui servem como fonte de conhecimento para estudos sobre o período em destaque.

Conforme afirma por Fausto (2013, p. 127):

> Além deles vieram ao Brasil, cientistas e viajantes estrangeiros, como o naturalista e mineralogista inglês John Mawe, o zoólogo bávaro Spix e o botânico Martius, também bávaro e o naturalista francês Saint Hilaire, autores de trabalhos que são uma fonte indispensável de conhecimento daquela época.

Nesse contexto, ganhou destaque o Padre José Maurício Nunes Garcia (Figura 2.1). Considerado o primeiro e maior compositor brasileiro, ele dirigiu praticamente todas as atividades musicais da corte portuguesa entre 1808 e 1811. Além disso, compôs, aproximadamente, 240 obras, entre hinos, motetes, antífonas, *magnificats*, *te deum*, graduais, responsórios etc. – em sua maioria, de caráter sacro. Entre essas composições, merecem menção a *Missa em si bemol* (1801), a *Missa Requiem* (1816) e a modinha *Beijo a mão que me condena* (data desconhecida). José Maurício faleceu em 1830, aos 62 anos (Mariz, 1983).

Figura 2.1 – Detalhe do retrato do Padre José Maurício Nunes Garcia realizado por seu filho José Maurício Jr.

MATTOS, C. P. de. **José Maurício Nunes Garcia**: biografia. Fundação Biblioteca Nacional, 1997.

No período joanino, conforme abordamos, destacaram-se os lundus, as modinhas e a música instrumental dos barbeiros. Esta última, segundo os estudiosos, consistiu na primeira manifestação de música popular brasileira para o entretenimento do público. Segundo Carlos Sandroni (2001, p. 64-84):

> No lundu todos os participantes, inclusive os músicos, formam uma roda e acompanham ativamente, com palmas e cantos, a dança propriamente dita, que é feita por um par de cada vez. [e completa] [...] A 'umbigada' é o gesto coreográfico que consiste no choque dos ventres, ou umbigos [...]. Em traços gerais, elas consistiam no seguinte: todos os participantes formam uma roda. Um deles se destaca e vai para o centro, onde dança individualmente até escolher um participante do sexo oposto para substituí-lo (os dois podem executar uma coreografia - de par separado - antes que o primeiro se reintegre ao círculo).

O lundu chegou a ser considerado uma dança lasciva e chula, tendo sido proibido em alguns lugares, ao mesmo tempo em que ganhou a aceitação dos colonizadores e também dos povos indígenas (Tinhorão, 1972).

A pintura *Dança do lundu*, feita por Moritz Rugendas, em 1835, e exposta na Figura 2.2, a seguir, retrata a vivência do lundu como música e dança coletiva realizada em roda.

Figura 2.2 – *Dança do lundu*, por Moritz Rugendas

MORITZ, Johann. **Dança do Lundu**. 1821/1825. Gravura. Rio de Janeiro.

Na sequência, a Partitura 2.1 consiste em um documento original da época do lundu. Trata-se de um lundu instrumental recolhido por

Von Martius em sua viagem ao Brasil entre 1817 e 1820, publicado como anexo no livro *Viagem pelo Brasil*, de Spix e Martius (1823), conhecida como "*N. IX Landum, Brazilian Volkstanz*" (em tradução livre, "Landum, dança popular brasileira"). É o registro mais antigo de que temos conhecimento acerca dessa manifestação.

Partitura 2.1 – Lundu instrumental

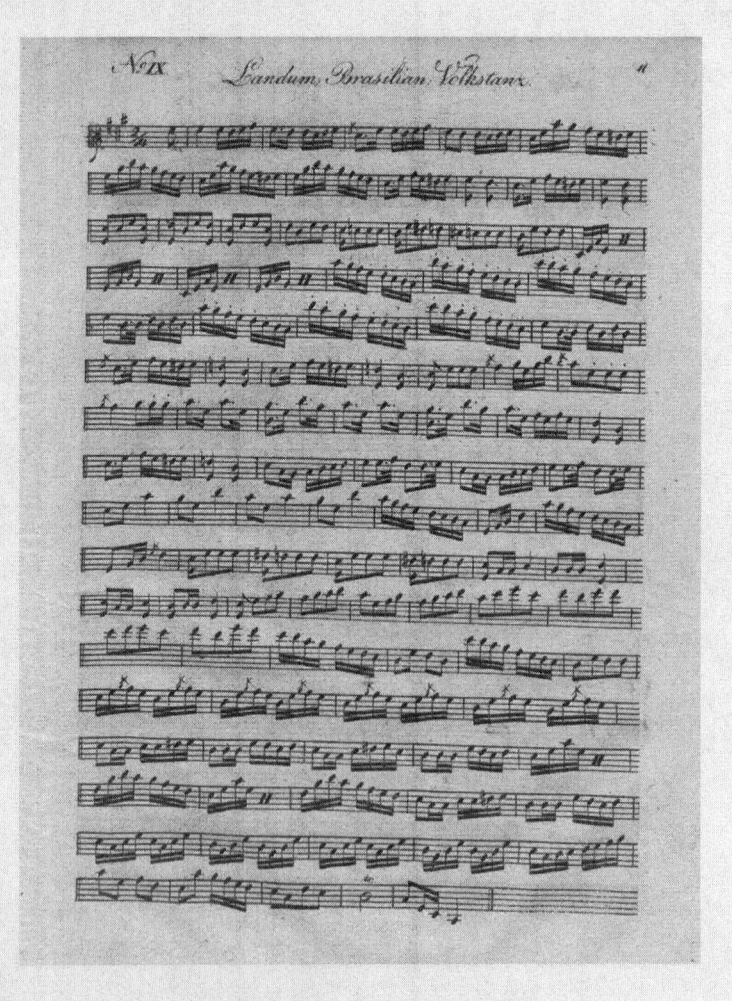

A modinha também foi apreciada nesse referido período. Conforme abordamos no primeiro capítulo, ela tem origem portuguesa e, transitando em nossas terras, ganhou novas inflexões e passou a estar presente nas festas de salões e no cotidiano social das pessoas da época.

Assim, podemos acrescentar que ela é definida como "canção lírica, que tematiza o amor ideal, poética e musicalmente comprometida com o estilo vigente na segunda metade do século XVIII" (Lima, 2010, p. 15). Segundo Castagna (2003, p. 1), a modinha surgiu da moda, um "tipo genérico de canção séria de salão, que incluía cantigas, romances, e outras formas poéticas, compostas por músicos de alta posição profissional".

Portanto, estamos falando de um gênero musical de canção sentimental, com emblemático lirismo romântico, influenciado pelas óperas italianas e trazido ao Brasil pelos imigrantes. Foi durante a colonização que a modinha recebeu características específicas, sendo, posteriormente, incorporada tanto por músicos populares quanto eruditos.

Ferdinand Denis, escritor e historiador francês, que esteve no Brasil no final da primeira década do século XIX, afirmou o seguinte a respeito da temática:

> A música [no Brasil] é cultivada por todos os estratos, ou melhor, ela faz parte da existência do povo, que dá encanto aos seus tempos livres cantando e que se esquece mesmo dos cuidados de um trabalho penoso todas as vezes que ouve os simples acordes de uma viola ou de um bandolim. Enquanto a música de Rossini é admirada nos salões, porque é cantada com uma expressão que nem sempre se encontra na Europa, os simples artesãos percorrem as ruas até a noite repetindo essas encantadoras *modinhas*, que é impossível de ouvir sem ser vivamente comovido; quase sempre servem para

pintar os devaneios do amor, suas penas ou sua esperança; as palavras são simples, os acordes repetitivos de uma maneira bastante monótona; mas há, por vezes, um encanto em sua melodia, e por vezes uma tamanha originalidade, que o europeu recém chegado não pode cansar-se de as ouvir, e compreende a indolência melancólica desses bons cidadãos que ouvem durante horas seguidas as mesmas canções. (Denis, 1826, p. 581-582, tradução e grifo nosso)[1]

Dessa forma, a música percorreu as ruas e os salões, aliviando as tensões de penosos trabalhos e comovendo a sociedade, seja pela expectativa de esperança ou por simplesmente pintar os devaneios da vida por meio do encanto melódico e melancólico que tais canções seguiam.

Foi no ano de 1814 que aconteceu a derrota de Napoleão Bonaparte. Nessa ótica, já não havia razões para a corte permanecer no Brasil. Contudo, mesmo assim, D. João VI decidiu ficar, sob o pretexto de elevar o país à condição de Reino Unido à Portugal.

Posteriormente, em 1820, em meio a uma crise, os portugueses exigiram a volta de D. João VI à sua metrópole. Como decorrência

• • •
1 No original: "La musique [dans le Brésil] est cultivée dans tous les états, ou plutôt elle fait partie de l'existence chez le peuple, qui charme ses loisirs en chantant, et qui oublie même les soins d'un pénible travail toutes le fois qu'il entend les simples accords d'une guitare ou d'une mandoline. Tandis que la musique de Rossini est admirée dans les salons, parce qu'elle est chantée avec une expression qu'on ne rencontre pas toujours en Europe, les simples artisans parcourent les rues vers le soir en répétant ces touchantes modinhas, qu'il est impossible d'écouter sans en être vivement ému; presque toujours elles servent à peindre les rêveries de l'amour, ses chagrins ou son espoir; les paroles sont simples, les accords répétés d'une manière assez monotone; mais il y a quelquefois tant de charme dans leur melodie, et quelquefois aussi tant d'originalité, que l'Européen nouvellement arrivé ne peut se lasser de les écouter, et cançoit l'indolence mélancolique de ces bons citadins qui écoutent pendant des heures entières les mêmes airs" (Denis, 1826, p. 581-582).

desses fatos, precedentes ao seu retorno, foram estabelecidos novos parâmetros administrativos para o Brasil, o que acarretou diversas revoltas. Por fim, em 1821, D. João VI retornou a Portugal junto de mais 4 mil pessoas, temendo perder seu trono.

Nesse sentido, D. Pedro I assumiu o governo brasileiro com sua corte – período que ficou conhecido como Primeiro Reinado. Esse momento histórico surgiu conectado à busca pela independência. A consolidação efetiva do Brasil, na intenção de se tornar uma nação independente, perdurou até 1825, quando, enfim, Portugal reconheceu a autonomia do território.

O Primeiro Reinado corresponde à fase inicial do período monárquico após a Proclamação da Independência. Teve início com a declaração de D. Pedro e terminou em 1831 com a abdicação do imperador que, constrangido por situações políticas delicadas, tentou permanecer no poder, o que, porém, provou-se insustentável.

Durante essa época, as produções musicais de maior relevância foram as apresentações das líricas italianas de Rossini e Donizetti, compositores de destaque no período que exploravam o *bel canto* europeu. Segundo Mariz (1983), esse prestígio da ópera também influenciou intensamente a modinha e a música sacra brasileira.

2.2 A crise da música na corte no período regencial

Estamos tratando de um período pós-independência, cujas manifestações culturais e artísticas no Brasil atravessavam uma fase de secularização da sociedade. Nesse processo, emergia uma nova consciência a respeito da música, a qual passava a ser encarada como um objeto cultural de consumo, ou seja, um bem que podia ser mercantilizado pela classe social média em ascensão, que se emancipava tal qual ocorria com as artes plásticas e a literatura (Volpe, 1994).

Ainda no período, observava-se um comportamento social que se manifestava na idealização por determinados modelos de civilização contemporânea europeia, cuja sociedade procurava se distanciar de antigas práticas provenientes do período do Brasil Colônia.

Embora tal cenário parecesse proeminentemente propício para o desenvolvimento da prática musical, inclusive nos aspectos mercadológico e profissional, após o Primeiro Reinado, a manifestação musical foi sistematicamente secundarizada, em um momento de desmonte dos organismos musicais.

2.2.1 A secundarização da música no período regencial

Esse intervalo de dez anos compreendeu alguns acontecimentos fundamentais para entendermos o evento da crise na música, em um contexto que, ao contrário do que foi, poderia ter sido promissor. A abdicação de D. Pedro I e o início do reinado de D. Pedro II desencadearam uma instabilidade político-econômica que afetou diferentes áreas, inclusive a produção musical orquestral vinculada à Capela Imperial e, também, à utilizada no teatro.

Tal cenário ocasionou a dispensa de músicos das orquestras da Capela Imperial e, com efeito, acarretou o "enxugamento" dos organismos musicais. Ora, ao analisarmos tais fatos, podemos facilmente concluir que o período subsequente seria desestimulante para as práticas musicais, principalmente no tocante à oferta de trabalho aos profissionais de música, à remuneração, entre outros aspectos.

Após o significativo corte de profissionais da música da Capela Imperial, o quadro passou a contar com somente 23 cantores, 2 organistas e 4 instrumentistas, os quais executavam instrumentos graves: dois fagotes e dois contrabaixos. Nessa redução, nem mesmo os violinistas foram mantidos. Em 1833, houve uma nova redução e, assim, restaram 21 cantores e 3 instrumentistas para os fagotes e contrabaixos (Castagna, 2003).

De acordo com relatos do pintor Jean-Baptiste Debret, a música caminhava em direção à decadência, como consequência do desmantelamento da música da Capela Imperial por parte do governo, a qual seria a única em todo o continente americano à altura dos organismos musicais europeus (Cardoso, 2006). Ainda conforme o autor, além da situação econômico-financeira, outro fator que influenciou e contribuiu para a crise no âmbito da produção musical sacra foi o comportamento contrário (e generalizado) aos costumes e produtos culturais de Portugal. O Rio de Janeiro, nesse contexto, parecia de esquecer, ou mesmo não se importar, de que um dia pôde contar com um serviço musical sacro cuja qualidade se equiparava à dos centros europeus (Cardoso, 2006).

Face a esses acontecimentos, fica evidente que, em seguida, deixariam de ser executadas as grandes obras musicais eruditas, como a ópera e a missa cantada, ou, se executadas, seriam menos frequentes e menos efetivas, gradativamente. Como exemplo disso, até 1843 nenhum espetáculo lírico completo havia sido encenado.

A partir desse momento, quando o país estava sob o regime de D. Pedro II, o quadro efetivo de músicos passou a ser reestruturado, visando à busca pelo modelo de conjunto original (Cardoso, 2006).

Apesar dessa iniciativa, que poderia representar alguma esperança para os músicos, o movimento desses profissionais caminhou para uma estruturação de concertos por meio da organização civil, em locais muitas vezes menores e desprovidos de quaisquer amparos do Estado. Isso porque se, por um lado, a Coroa deixou de priorizar recursos para manter o efetivo musical, por outro, a sociedade em si nunca deixou de ver na música uma forma de entretenimento e cultura.

Os concertos nesses moldes, organizados pelos próprios músicos, tornaram-se cada vez mais frequentes, diante do enfraquecimento da música mantida pelo poder imperial. Sem grandes espaços e sem patrocínio da Coroa, gradativamente se estabeleceram estratégias de organização civil para a produção de eventos musicais em espaços alternativos, com pequena capacidade de público. Sem um controle estatal que padronizasse tais eventos, as organizações meramente civis contribuíram para o surgimento de concertos e estilos variados.

Em 1833, mediante uma congregação de músicos, firmou-se uma entidade cultural para a promoção de concertos. Contudo, esse não foi o único objetivo dessa organização. A intenção de emancipação dos músicos, embora tenha sido estimulada circunstancialmente, não foi bem vista pelo poder estatal. Nesse caso, a tentativa, por parte do poder estatal, de reestruturar o efetivo de profissionais da música também pode ser interpretada como uma estratégia para frear o avanço da classe sem a dependência e o controle do Estado. Portanto, considerando tal contexto, a entidade cultural favoreceu a organização de uma associação de classe dos músicos, a qual centralizou e fortaleceu os interesses dos profissionais. Assim surgia a Sociedade de Beneficência Musical (Cardoso, 2006).

Após o início da segunda metade do século XIX, esse tipo de instituição passou a ser recorrente no contexto urbano, potencializando o processo de emancipação dos músicos em relação aos governos imperiais e também à Igreja (enquanto mantenedora da arte musical). Como resultado disso, pôde-se observar a presença de instituições relativamente independentes que promoviam atividades musicais, cujos recursos necessários eram obtidos com a comercialização de ingressos para um público anônimo, ao contrário dos concertos privados que ocorriam na corte, característicos até o início do século XIX.

2.3 O Segundo Reinado e a retomada das atividades da corte

A contratação de novos músicos marcou a reestruturação do efetivo de profissionais de música a partir de 1834 pela Capela Imperial, estabelecendo um novo momento para as atividades musicais. Essa reestruturação dentro do âmbito das artes simbolizou um período no qual se observava uma necessidade de consolidar a nação. Nesse momento, surgiram inúmeras instituições, academias e conservatórios de música, os quais foram responsáveis pela formação técnica de boa parte dos músicos, além de deter uma fatia dos concertos oficiais executados.

2.3.1 As instituições de fruição musical no século XIX pós-Segundo Reinado

De acordo com Castagna ([s.d.], p. 3), houve uma ascensão da música composta para teatro, mas, em contrapartida, a música na Igreja sofreu um significativo declínio. Contrariamente ao que ocorria na primeira metade do século, XIX, no pós-Segundo Reinado, a Igreja já não tinha ao lado do Estado a mesma força para formar um quadro de profissionais da música, tampouco a estrutura necessária para mantê-lo. A sociedade civil, gradativamente, estabeleceu mais instituições privadas, dando sequência a uma diversidade cada vez maior de concertos e do ensino musical, conforme abordado anteriormente, voltado ao público anônimo, pagante dos ingressos que mantinham as instituições.

Apesar dos esforços para recentralizar as atividades musicais na Capela Imperial durante o Segundo Reinado, observamos no período que o sucedeu certa fragmentação do ensino oficial de música, o qual deu lugar às diversas instituições culturais privadas. Conforme Castagna ([S.d.]), essa informação pode ser sustentada pelo fato de não haver registros de escolas públicas capazes de formar grandes grupos de músicos profissionais antes de 1840, sabendo-se que a relação ensino-aprendizagem à época ocorria entre mestre e discípulo. Foi somente em 1841 que uma iniciativa de músicos, entre os quais estava Francisco Manuel da Silva (1795-1865), instigou, junto ao governo, a criação do Conservatório de Música do Rio de Janeiro, o qual acabou sendo instalado apenas em 1848, uma vez que o financiamento foi concretizado somente em 1847. Acerca de Francisco Manuel, importante compositor da época, foi ele o responsável pela composição do hino nacional brasileiro.

A criação do conservatório contribuiu para abrir um caminho de padronização do ensino de música. Ou seja, a instituição passou a se responsabilizar pela docência musical no país e, como nos tempos anteriores, buscou alinhar os aspectos composicionais e de ensino aos principais polos europeus (Silva, 2007). Essa foi a base para o surgimento de novas organizações de ensino e fruição musical, em um movimento que cresceu e se desenvolveu no decorrer da segunda metade do século XIX.

Entre 1854 e 1857, acontecia a "reforma pedreira", batizada com o nome do ministro do Império do Gabinete da Conciliação, Luís Pedreira do Couto Ferraz, a quem coube conduzir a reforma em si. O levante consistiu na reestruturação dos ensinos primário e secundário da corte. Além disso, atingiu o ensino superior, na reformulação das faculdades de Direito e Medicina, entre outras.

O tema em questão se vincula a nosso objeto de estudo porque a reforma acarretou mudanças também na Academia Imperial de Belas Artes, a exemplo da incorporação, em 1855, do conservatório que, na ocasião, ganhou uma nova sede, mais estruturada, a fim de possibilitar a promoção de um plano de ensino mais qualificado. Até aquele momento, apenas os elementos mais básicos da música compunham o plano de ensino. Então, com a anexação do conservatório à Academia de Belas Artes como parte da reforma, foi possível incluir novas disciplinas, tais como acompanhamento de órgão, instrumentos de sopro e instrumentos de corda. Para Silva (2007), esse processo era, até certo ponto, similar às práticas de ensino antigas, nas quais um mestre lecionava várias disciplinas, sem necessariamente ser especialista em alguma delas.

Ao passo que surgia o Conservatório de Música atrelado ao governo, as instituições civis continuavam a se multiplicar, criando um cenário de movimentação musical intensa, formado, em maioria, por iniciativas autônomas que contavam com o envolvimento de uma classe de elite cujo objetivo centralizava a valorização do sentimento de nacionalidade. Tal panorama foi observado no período compreendido entre as décadas de 1840 e 1860.

A exemplo dessas instituições, podemos destacar a Sociedade Filarmônica, dirigida por Francisco Manuel da Silva desde 1834. No transcorrer de 18 anos, ela promoveu concertos com *performances* de trechos de óperas de compositores europeus. Também podemos citar o Clube de Mozart e o Clube Beethoven, ambos da segunda metade do século XIX, e o Clube Haydn, em São Paulo (Binder, 2013). A disseminação de tais organizações contribuiu para a propagação de um repertório essencialmente instrumental, o que não era comum nas composições para ópera.

A leitura que fazemos desse contexto, no qual as práticas das instituições musicais caminhavam contrariamente às práticas operísticas, é de um momento de mudanças da prática musical em decorrência do gerenciamento dessas atividades pelos próprios músicos, além da gradativa diminuição do vínculo em tais atividades, tanto por parte do poder imperial quanto da Igreja. A partir das diligências da sociedade civil, surgiam novos agentes musicais, novos repertórios e uma sociedade musical que se tornava mais organizada.

Salientamos, no entanto, que essa movimentação artística acontecia tão somente no âmbito tácito. Mesmo assim, as mudanças musicais que ela promoveu demonstram sua força, exemplificando ou, até mesmo, chancelando a crise do regime monárquico à época. Nesse regime, buscava-se justamente a padronização contrária ao que ocorria em relação à emancipação da classe musical, com padrões ritualizados das sociabilidades aristocráticas do Antigo Regime. Pereira (2013) observa que, nesse processo de emancipação musical, objetivava-se essencialmente o oposto. Ou seja, caminhando juntamente à remodelagem das estruturas sociais, as práticas estagnadas foram contrariadas, e novos caminhos de distinção social eram estimulados – em termos de música, em parte do século XIX, tratava-se da ópera e de gêneros dramáticos.

A emancipação da música constitui assunto recorrente na literatura que aborda o contexto histórico de parte do século XIX. As instituições discutidas neste capítulo tiveram papel fundamental na construção da vida musical urbana. A multiplicação das organizações de músicos ocasionou uma crescente difusão de repertórios distintos, bem como sua inclusão em territórios até então consagrados da ópera e da música sacra voltados ao império.

> **Pausa para escuta**
>
> Aponte a câmera do celular para o QR Code e aproveite a oportunidade para conhecer um pouco mais sobre a obra *Teatro do descobrimento* (1999), do Grupo Anima, de Ana Maria Kiefer.

2.4 O desenvolvimento das diversões urbanas e o surgimento do maxixe

O Rio de Janeiro, nessa época, destacou-se como um grande centro cultural, um verdadeiro palco e cenário de muitos acontecimentos históricos, políticos, sociais e culturais, com interações significativas e contínuas que mudaram a vida do país em diversos aspectos.

Foi nesse panorama que a polca, dança originária da Boêmia, chegou ao Brasil em 1845, trazida pelos portugueses, e passou a adquirir características peculiares também da música africana, culminando na formação do maxixe. Uma dança em pares, em compasso binário, cujo ritmo tem base em colcheias e semicolcheias, em movimento *allegretto*, tendo como atrativo a proximidade dos dançarinos, a polca surgiu primeiramente nos salões do Rio de Janeiro, e posteriormente virou febre e se espalhou por todo o país.

A palavra *maxixe* apareceu pela primeira vez em 1880 e se refere a uma dança urbana criada no Rio de Janeiro na segunda metade do século XIX, em um popular carioca conhecido como Cidade Nova.

Mário de Andrade (1972), em suas perspectivas, considera as músicas e danças brasileiras como resultado das culturas ameríndia, espanhola, portuguesa e africana, dando maior peso e destaque às influências europeias. Por sua vez, outros autores, como Muniz Sodré (1998), contestam certos pontos levantados pelo escritor, inserindo os elementos culturais africanos como os maiores protagonistas na história cultural brasileira.

Estudos recentes apontam para elementos da cultura afro-diaspórica na constituição da dança maxixe. Porém, em outro paralelo, há autores que consideram a polca como o principal elemento para a formação do maxixe (Efegê, 2009; Perna, 2001; Andrade, 2015).

Dessa forma, consideramos que os gêneros musicais e as danças nunca estiveram isentos de transferências e interferências culturais. A esse respeito, Sodré (1998) acrescenta ser inegável a articulação entre maxixe e samba.

Sandroni (2001) afirma que, algum tempo depois, a organização formal do maxixe foi herdada das danças europeias (polca e valsa). Ainda, os aspectos da música externa, evidenciados pela participação dos pares quanto ao movimento e ao requebrar, são oriundos do lundu, cujas raízes se conectam aos povos africanos.

Sob essa perspectiva, Napolitano menciona o seguinte:

Muitas vezes essas trocas ocorrem às margens dos circuitos socioculturais chancelados pelas elites, pelo mercado estabelecido ou por instituições artísticas oficiais. Em quase todas essas formações nacionais, nas Américas e na Europa, principalmente ao longo do século XIX, houve uma grande separação entre uma cultura considerada legítima representante dos países, sob o signo da civilização e do progresso, e uma cultura considerada 'popular', que esteve prensada entre o recalque puro e simples e a apropriação exótica pelas elites letradas. A música não escapou dessa luta cultural que, frequentemente, foi perpassada por preconceitos de classe e de raça. (Napolitano, citado por Paixão, 2021, p. 360)

Os autores e pesquisadores atuais pensam constantemente sobre essas inter-relações, sociais e culturais. Elas teriam fluído de maneira harmoniosa, isentas de conflitos? Seriam apenas implícitas? Qual cultura poderia ser considerada como legítima nesse processo? O que a torna superior a outra? Ainda, a cultura popular merece ser simplificada, e a erudita, enaltecida?

Alguns pensadores também apresentam e narram a música dentro de um contexto de luta cultural. Outros, porém, citam-na com aspectos de superioridade, quando vinculada a signos emblemáticos de civilização, e desvalorizada, quando ligada ao universo popular. Entretanto, não podemos nos embasar em parcialidades, tampouco incorrer em equívocos em nossas análises.

Ao analisarmos o maxixe, percebemos esse contexto, pois, de fato, tratava-se de uma dança bastante ritmada, marcada por requebros sensuais. Isso ocorreu como consequência da mistura de culturas: do lundu, surgiu a umbigada, cujas raízes e influências remetem aos povos africanos; e, em eminência, havia o maxixe, ritmo marcado por síncopes. Já de outro lado, notamos características da música europeia enquanto dança de salão, embora ela fosse híbrida de ambas as influências.

Conforme abordamos anteriormente, o maxixe foi tido como "dança proibida" para a sociedade da época, visto como imoral em virtude da sensualidade nos movimentos e da proximidade dos dançarinos. Sua entrada em alguns salões da corte chegou inclusive a ser banida em algumas capitais brasileiras. Contudo, algum tempo depois, passou a ser aceito e adquiriu grande repercussão em todos os âmbitos. Por esse mesmo motivo, alvoroçou os salões e clubes da época, o que posteriormente fez do maxixe um fator cultural apreciável.

Foi nessa continuidade da mistura de ritmos afro-brasileiros, com danças de salão europeias, que surgiram a polca-lundu, o tango-maxixe e a polca-maxixe, os quais foram classificados como maxixe. Permeados pela mudança da célula rítmica da polca por uma célula rítmica sincopada, foram chamadas por Mário de Andrade (1972) de "síncopa característica", a qual também apareceu em obras como as de Ernesto Nazareth, destacadas na mão esquerda do piano.

Acerca das letras do maxixe enquanto poesia, ganharam destaque os seguintes personagens brasileiros: a mulata, o malandro e a baiana. Assim, com o passar do tempo, ele se tornou reconhecido e se destacou como dança nacional em substituição ao lundu, passando a ser apreciado pelos compositores populares.

Ainda dentro de perspectivas e questões referentes à etnomusicologia africana, considera que a rítmica permeada pelo deslocamento no lundu remonta ao Brasil, o que consagrou o maxixe e, posteriormente, o samba.

Quanto aos compositores da época, destacaram-se: Chiquinha Gonzaga, com as canções: "Maxixe da Zeferina", "Roda Yoyô"; no início do século XX, Sinhô, com "Dor de cabeça", "Caneca de couro", "Amor sem dinheiro" e "Cassino maxixe".

É importante salientar que o maxixe foi um dos primeiros gêneros a ser exportado do Brasil para a Europa, o que ocorreu pela iniciativa do bailarino Antônio Lopes de Amorim Dinis (popularmente, Duque), e foi largamente consumido em Paris no início do século XX sob o nome *mattchiche* (Efegê, 1974).

Dessa maneira, o maxixe foi ganhando notoriedade na imprensa carioca. Jornalistas, cronistas, empresários teatrais, bem como presidentes de clubes carnavalescos, além de outros contemporâneos, deixaram registros de que, na virada do século XIX para o XX, o maxixe era parte do lazer noturno.

Assim, ele seguiu influente e resistente, fazendo parte do processo de industrialização e urbanização das cidades brasileiras, e com extrema importância na formação da música e da dança brasileiras.

Primordialmente, era apenas uma dança, mas depois se tornou um gênero expressivo e contagiante, capaz de envolver todas as classes da sociedade da época, tanto dentro quanto fora do país, interferindo significativamente nas produções literárias, artísticas e plásticas – portanto, em todas as esferas sociais.

2.5 A crise da monarquia e as transformações na vida musical

Com o passar dos anos, a monarquia foi entrando em colapso, em virtude de alguns fatores já evidenciados, como:

- a luta pelo fim da escravidão;
- o choque de interesses vinculados à Igreja;

- os conflitos com o Exército;
- questões relacionadas ao movimento republicano em expansão.

No referido momento, o sistema monárquico já não mais atendia aos desejos da população, tampouco sanava as necessidades sociais pertinentes. Consequentemente, era necessário adotar um sistema menos totalitário, que fornecesse maior liberdade econômica e democrática.

Ora, a interferência de D. Pedro II nos assuntos religiosos, por exemplo, resultou em conflitos inclusive com a Igreja católica, além do fato de a censura da monarquia interferir na relação com os militares, o que gerou inúmero desconforto em várias áreas políticas, culturais e sociais.

Com relação aos aspectos internos, no momento culminante, a classe média de profissionais liberais pedia liberdade política, e a elite agrária não demonstrava mais forte apoio à monarquia. Ainda, o movimento republicano vinha crescendo, e os atritos envolviam a elite, incluindo militares, o clero e aristocratas.

Já sob o ponto de vista externo, o império estava sendo pressionado por outros países quanto à abolição da escravidão. Por isso, em 1871, D. Pedro II aprovou a Lei do Ventre Livre, a qual determinava que escravos nascidos a partir daquela data estariam livres.

Face a tais fatos, os republicanos começaram a vislumbrar a possibilidade de ocorrer a Proclamação da República. Essas várias transformações, em conjunto com a crise política, econômica e social, gerou reflexos em todas as esferas da sociedade da época, inclusive nas questões musicais.

Compositor de renome do referido período, Carlos Gomes nasceu em 1836, em Campinas, e é considerado o maior compositor de ópera brasileiro. Era filho de Manoel José Gomes, que lhe ensinou noções básicas musicais (Nogueira, 1996; Marques, 1971).

Carlos Gomes teve uma infância complicada, pois perdeu sua mãe de maneira trágica. Por isso, coube ao pai sustentar os filhos, e o fez em situação de extrema dificuldade. Manoel José Gomes também era músico e formou uma banda militar com seus filhos.

E foi nesse conjunto musical que Carlos Gomes revelou seus talentos. Depois de seu pai deixar o comando da banda, o filho assumiu a direção e, com seus irmãos, fizeram suas primeiras apresentações em bailes e concertos. Na época, o compositor alternava os trabalhos com a música e com a alfaiataria para obter seu sustento.

Com apenas 15 anos de idade, compôs valsas, quadrilhas e polcas, e em 1854, já com 18 anos, viu nascer sua primeira obra, "Missa de São Sebastião". Além de compositor, lecionava piano e canto, inspirado em obras de Giuseppe Verdi.

Posteriormente, em 1860, mudou-se para o Rio de Janeiro e passou a estudar no Conservatório Imperial de Música. No ano de 1861, compôs "A noite do castelo", e em 1862, "Joana de Flandres", ambas óperas de caráter temático romântico.

Sua primeira ópera foi apresentada no Teatro Lyrico Fluminense, quando Carlos Gomes estreou "A noite do castelo". O compositor chegou até mesmo a entusiasmar D. Pedro II com seu talento e, com efeito, não tardou a conquistar a corte.

Por seu turno, "Joana de Flandres", sua segunda ópera, obteve enorme prestígio. Nessa época, ele foi escolhido para ir à Europa, onde foi reconhecido como mestre e compositor. Assim, em 1863, Carlos Gomes se deslocou até a Itália, país em que criou seus maiores sucessos, tais como "O Guarani" (Partitura 2.2) (Nogueira, 1996; Marques, 1971).

O prestígio adquirido em território europeu se justificava por seu estilo romântico. Suas obras foram apresentadas no renomado Teatro alla Scala, na cidade italiana de Milão.

Partitura 2.2 – "O Guarani", ópera de Carlos Gomes

Entre as óperas de destaque do compositor, estão:

- "A noite do castelo" (Rio de Janeiro, 1861);
- "Joana de Flandres" (Rio de Janeiro, 1863);
- "O Guarani " (Milão, 1870);
- "Fosca" (Milão, 1873);
- "Salvator rosa" (Gênova, 1874);
- "Maria Tudor" (Milão, 1879);
- "Lo Schiavo" (Rio de Janeiro, 1889);
- "Condor" (Milão, 1891);
- "Colombo" (Rio de Janeiro, 1892).

Considerado um artista brasileiro genial, ainda criou outras obras na Europa, até voltar ao Brasil, em 1895, já com a saúde debilitada, mas veio a falecer um ano depois. Seu corpo foi embalsamado, e sua figura recebeu muitas honras.

Mariz (1983) e Kiefer (1997) destacam que sobretudo as peças curtas compostas por Carlos Gomes já continham traços de intenções nacionalistas, as quais acabaram compondo os pilares que fundamentaram o movimento pós-Romantismo. Como exemplo, Mariz (1983) cita a suíte "Quilombo 28", peça escrita a partir de motivos de danças negras.

Ainda, Carlos Gomes também foi o responsável por difundir, no Brasil, a música de compositores como Liszt e Wagner, além de incorporar o poema sinfônico como forma de composição musical.

Diante de sua relevância, várias cidades do país contam com monumentos em homenagem ao maestro e compositor Carlos Gomes. Um exemplo pode ser visto na estátua a seguir (Figura 2.3).

Figura 2.3 – Estátua em homenagem a Carlos Gomes

Conforme mencionamos anteriormente, o compositor apresentou algumas de suas obras fora do país, incluindo o notório Teatro alla Scala (Figura 2.4), em Milão, onde interpretou "O Guarani".

Figura 2.4 – Teatro alla Scala

Curiosidades

- Carlos Gomes é considerado o maior compositor lírico das Américas.
- Sua ópera "O Guarani" foi a primeira obra musical brasileira que obteve sucesso no exterior.
- Foi o segundo nome mais encenado no Teatro alla Scala, atrás apenas de Giuseppe Verdi.

Outro compositor de destaque no período em evidência foi Henrique Alves Mesquita (1830-1906). Tido como um dos maiores músicos durante o Brasil Império, foi compositor, maestro negro, organista e trompetista, lutou pela abolição da escravatura e foi um dos pioneiros na mistura de ritmos europeus e africanos.

Machado de Assis, que tinha grande apreço pelo músico, chegou a descrevê-lo como o "possível Beethoven brasileiro". De formação erudita de alto nível, foi também o primeiro músico brasileiro a ganhar uma bolsa de estudos oficial para estudar fora do país.

Suas primeiras composições foram a modinha "O retrato" (1854) e "Ilusão" (1855). Foi diplomado pelo Conservatório de Música Brasileira, recebendo medalha de ouro nos cursos de contraponto e órgão por Gioacchino Giannini. No ano de 1856, publicou seguintes obras: a valsa "Saudades de Madame Charton" e o lundu "Beijos de Frade".

Alguns anos depois de retornar da França, tornou-se professor do Instituto Nacional de Música. Nessa época, ainda se evidenciam em suas peças fortes influências de lundus, jongos, batuques e demais músicas populares aqui enraizadas.

Em seus tangos, podemos perceber associações com o mundo negro e da escravidão já nos títulos "A pera de Satanás: tango de pretos" (1872) e "Tango dos negros" (1890).

Além de Carlos Gomes e Henrique Alves Mesquisa, também notório à época foi Joaquim Antônio da Silva Callado (Figura 2.5), considerado o responsável pela criação do gênero musical choro e, por conseguinte, intitulado "pai do choro". Foi o músico mais famoso no Rio de Janeiro imperial.

Estudou composição e regência com Henrique Alves Mesquita. Sua primeira apresentação pública consistiu em uma exibição em forma de concerto para a família imperial, no qual havia tocado flauta.

A obra "Querosene" (1863) representou sua estreia ao público geral; "Carnaval" (1867) foi seu primeiro sucesso; e, enfim, em 1869, teve sua primeira obra publicada, uma homenagem a Chiquinha Gonzaga, com o título "Querida por todos".

O primeiro lundu a ser apresentado em forma de concerto foi composto por Joaquim Antônio da Silva Callado em 1873 e ficou conhecido como "Lundu característico". Dois anos depois, publicou suas polcas, denominadas "Como é bom" e "Cruzes, minha prima".

Além de integrar um grupo de choro, fez parcerias com outros músicos, como Viriato Figueira da Silva, Ismael Correia, Lequinho, e outros chorões. Chegou a ser condecorado pelo império com a "Ordem da Rosa". Faleceu em 1880 de meningoencefalite perniciosa.

Figura 2.5 – Joaquim Antônio da Silva Callado

Fonte: Revista Illustrada, 1880, p. 1.

Com a aprovação e promulgação da Lei n. 10.639, de 9 de janeiro de 2003, que estabeleceu a obrigatoriedade do ensino da temática História e Cultura Afro-Brasileira nos ensinos fundamental e médio, impulsionaram-se debates sobre as relações raciais no Brasil em âmbito escolar (Brasil, 2003).

A esse respeito, de acordo com Pereira (2016), a lei em questão pode ser considerada como o ponto de culminância de lutas gestadas no movimento negro, bem como de redes universitárias que passam a contar com importante presença de negros, especialmente no campo da educação.

Diante desses e de outros fatos, novos discursos sobre a história brasileira irromperam no espaço educacional. Tais abordagens consideravam as perspectivas interdisciplinares vinculadas à História e Cultura Afro-brasileira, tais como: antropologia, etnomusicologia, literatura, história, estudos culturais e educação. Assim, dava-se o devido destaque aos negros quanto ao seu papel histórico e social para a formação da cultura nacional.

Com relação à construção da música brasileira, conforme já mencionamos, alguns autores contemporâneos trazem novas perspectivas com foco interdisciplinar, analisando a estruturação das raízes culturais e musicais dentro de perceptivas específicas. Nesse sentido, também se atribui o protagonismo aos povos africanos.

Consideramos importante que os docentes, além de contarem com o amparo legal, evidenciem a relevância histórica de nossos músicos, maestros e compositores. Ou seja, que resgatem fatos e personagens centrais que, imersos em um contexto de conflitos, lutaram contra a escravidão e a discriminação, em meio à opressão social e cultural. Toda essa mescla de eventos interferiram e se conectaram ao processo de construção e produção musical brasileira.

Síntese

Neste capítulo, apresentamos um panorama histórico e musical do Brasil entre o período de 1808 até 1889. Falamos sobre o impacto da chegada da corte portuguesa, bem como a respeito dos estímulos a novas produções musicais, resultado de uma espécie de fusão entre os músicos europeus que para cá migraram e os músicos populares em suas práticas culturais aqui vigentes.

Por meio dessas hibridações, novas atividades culturais musicais foram viabilizadas, como consequência da criação e construção de novos espaços estruturais e sociais para entretenimento.

Também destacamos a importância da fundação do Conservatório Imperial e sua interferência no desenvolvimento e progresso musical da nação, o que aconteceu mediante a estruturação do ensino de música. Ainda, abordamos algumas regiões específicas do país tidas como centros culturais, ou seja, que estavam em processo constante de urbanização na época.

Além disso, evidenciamos a influência da polca europeia, já abrasileirada por aqui, e que aderiu às características da música africana, permeada por síncopes e pelo *swing* musical. Tais eventos culminaram na elaboração e no desenvolvimento do maxixe, inicialmente somente uma dança, e posteriormente um gênero musical com abrangência nacional e internacional.

Por fim, tecemos breves comentários acerca da contribuição, para a sedimentação da música brasileira, de alguns músicos e compositores de grande influência no período, como Carlos Gomes e Henrique Alves de Mesquita.

Curiosidades

- Henrique Alves, além de compositor, era um militante abolicionista e, inclusive, compôs algumas canções em prol dessa causa; infelizmente, porém, diversos autores omitem sua identidade negra.
- Foi o primeiro maestro negro.

- Em "Trunfo às avessas", uma de suas operetas, foi apresentado um "coro de negros". A obra foi uma das primeiras *performances* musicais negras no teatro.
- O primeiro músico a ganhar uma bolsa de estudos.

Atividades de autoavaliação

1. Sobre a chegada da corte portuguesa ao Brasil, avalie as assertivas que seguem e assinale V nas verdadeiras e F nas falsas.
   ( ) Nessa época, não foram promovidos incentivos à produção musical.
   ( ) A corte chegou em um pequeno número de pessoas, as quais decidiram se estabelecer em São Paulo para administrarem o novo país.
   ( ) No período, também houve a abertura de teatros, bibliotecas e academias literárias e científicas.
   ( ) Com a corte, vieram músicos que residiam em Lisboa, incentivados por D. João VI a migrar rumo ao novo país e aproveitar as novas possibilidades.
   ( ) A corte estabelecida no Rio de Janeiro deu origem a uma nova estrutura de governo que criou a Justiça, a Marinha brasileira, o Banco do Brasil e a imprensa.

   A seguir, assinale a alternativa que apresenta a sequência correta:

   a) F, F, V, V, V.
   b) V, F, V, F, V.
   c) V, V, F, V, V.
   d) F, V, F, V, F.
   e) V, V, F, F, F.

2. Sobre o período joanino e o Primeiro Reinado, avalie as assertivas que seguem e assinale V nas verdadeiras e F nas falsas.
   ( ) No período joanino, o Brasil foi governado por D. João VI, e no Primeiro Reinado, por D. Pedro I.
   ( ) Na música, um dos grandes destaques da época foi o Padre José Maurício Nunes Garcia, considerado o primeiro compositor brasileiro.
   ( ) Nos períodos citados, ocorreu a construção de faculdades de Medicina, de museus e de bibliotecas no Rio de Janeiro.
   ( ) A respeito da música nesses períodos, destacaram-se os lundus, as modinhas e a música instrumental dos barbeiros.
   ( ) O lundu era considerado uma dança lasciva e chula que chegou até mesmo a ser proibido em alguns lugares.

   A seguir, assinale a alternativa que apresenta a sequência correta:

   a) F, F, V, V, F.
   b) F, V, V, F, V.
   c) V, V, F, F, V.
   d) V, V, V, V, V.
   e) V, V, V, F, F.

3. Acerca das diversões urbanas e do surgimento do maxixe, avalie as assertivas que seguem e assinale V nas verdadeiras e F nas falsas:
   ( ) A polca, dança originária da Boêmia, chegou ao Brasil em 1845, trazida pelos africanos.
   ( ) A palavra *maxixe* surgiu pela primeira vez em 1880 e se refere a uma dança urbana criada no Rio de Janeiro na segunda metade do século XIX.

( ) A continuidade da mistura de ritmos afro-brasileiros, com danças de salão europeias, que surgiram os conhecidos polca-lundu, tango-maxixe e polca-maxixe.
( ) O maxixe sempre foi bem aceito, o que se atribui à sua música alegre e dança empolgante.
( ) No maxixe, há a presença da síncope (deslocamento do acento musical), efeito bem presente e característico da música afro-brasileira.

A seguir, assinale a alternativa que apresenta a sequência correta:

a) V, V, F, F, V.
b) V, F, F, V, V.
c) V, F, V, F, V.
d) F, F, V, F, F.
e) F, V, V, F, V.

4. A respeito do período de crise da monarquia e das transformações na vida musical da época, avalie as assertivas que seguem e assinale V nas verdadeiras e F nas falsas:
   ( ) A crise aconteceu exclusivamente por questões relacionadas à luta contra escravidão e à lei do ventre livre.
   ( ) Carlos Gomes foi considerado o maior compositor de ópera brasileiro que se destacou durante o referido período.
   ( ) Carlos Gomes teve suas obras apresentadas na Europa, as quais foram exibidas no Teatro Alla Scala, em Milão, na Itália.
   ( ) Henrique Alves Mesquita é considerado um dos maiores músicos da época do Brasil imperial.
   ( ) Henrique Alves Mesquita foi compositor, maestro, organista e trompetista. Negro, lutou pela abolição da escravatura.

A seguir, assinale a alternativa que apresenta a sequência correta:

a) V, F, F, F, V.
b) F, V, V, V, V.
c) V, F, F, V, V.
d) F, F, V, F, V.
e) V, V, F, F, V.

5. Com o período pós-independência, as manifestações culturais e artísticas no Brasil atravessaram uma fase de secularização da sociedade. Com relação a esse período, avalie as assertivas que seguem e assinale V nas verdadeiras e F nas falsas.
   ( ) Surgiu uma nova consciência a respeito da música, que passava a ser encarada como um objeto cultural de consumo.
   ( ) Houve o aumento da catequização, na qual somente poderiam ser cantadas músicas em latim.
   ( ) A música religiosa e secular foram proibidas nessa época.
   ( ) Foram criados o impressionismo, o atonalismo e a dança circular das missas do período.
   ( ) Surgiram o expressionismo lundu e a modinha dos textos em latim.

A seguir, assinale a alternativa que apresenta a sequência correta:

a) F, F, V, F, V.
b) V, V, V, F, F.
c) V, F, F, F, F.
d) V, F, V, F, F.
e) V, V, F, F, V.

Atividades de aprendizagem

Questões para reflexão

1. Henrique Alves Mesquita foi o primeiro maestro negro brasileiro do qual temos notícias documentadas a respeito. Como musicista, lutou pelas causas abolicionistas. Pesquise outros musicistas brasileiros de renome de descendência africana e verifique quais foram as contribuições deles para a construção histórica musical e cultural de nosso país.

2. Carlos Gomes foi outro grande destaque da música popular de concerto, precisamente em relação à ópera. O compositor foi homenageado com a construção de monumentos em diferentes estados brasileiros, fazendo honra à sua vida e obra. Nesse sentido, faça uma pesquisa e procure descobrir outros músicos/compositores que também foram consagrados com essas homenagens.

Atividade aplicada: prática

1. Busque, na internet, interpretações gravadas da missa pastoril, do Padre José Maurício Nunes Garcia. Faça a devida apreciação e, posteriormente, proponha uma análise comparativa entre ela e a música das missas ou de celebrações religiosas atuais. Para auxiliá-lo nessa tarefa, utilize o quadro a seguir:

Missa pastoril	Missa atual
Língua: latim	Língua: português
Instrumentação:	Instrumentação:
Participação vocal:	Participação vocal:
Introduções e *intermezzos*:	Introduções e *intermezzos*:
Regência:	Regência:
Relação entre música e comunidade:	Relação entre música e comunidade:

Capítulo 3

O PERÍODO ENTRE O INÍCIO DA REPÚBLICA E A SEMANA DE ARTE MODERNA

Elaine Stroparo Bülow

Neste capítulo, abordaremos o período referente ao início da República no Brasil, bem como as alterações que ocorreram no sistema de governo e seu impacto social e cultural, voltado à construção da música brasileira e à busca por nossa identidade.

Nossa reflexão alcançará o evento denominado *Semana de Arte Moderna*, no qual os artistas brasileiros propunham a liberdade de padrões estéticos externos e uma forma de arte que retratasse e valorizasse características específicas da cultura nacional.

Assim, tanto os músicos quanto os artistas em geral procuraram imprimir em suas obras aspectos peculiares da identidade e da cultura brasileiras. Tais tendências ultrapassaram o terreno da música e atingiram as artes, o teatro, a dança e a literatura, alterando significativamente o rumo de nossa história e enriquecendo o patrimônio artístico e cultural.

Portanto, em síntese, nas próximas páginas, trataremos dos seguintes temas:

- os compositores de destaques no período republicano;
- os pioneiros em relação às formas da música popular da virada do século;
- as práticas musicais vinculadas aos divertimentos populares, tais como o teatro de revista, circos, coretos e praças;
- a importância da Casa Edison, primeira gravadora do país;
- Heitor Villa-Lobos e outros compositores consagrados do período.

3.1 A república musical: elites e a música de concerto no Rio de Janeiro e em São Paulo

A partir do dia 15 de novembro de 1889, o Brasil adotou um modelo republicano de governo, dando início a um período de nossa história conhecido como República, conforme proclamado por José do Patrocínio.

Na sequência, Marechal Deodoro Fonseca foi nomeado como presidente provisório. Nesse momento, o Brasil se tornou federalista, e suas províncias passaram a ter autonomia administrativa em relação ao governo federal.

Entre os exemplos de mudanças imediatas, podemos citar a elaboração de uma nova Constituição, a qual foi promulgada em 1891, trazendo novos rumos e parâmetros significativos para a nação.

Como mencionamos em capítulo anterior, por ser a sede da Família Real e de toda a corte, a cidade do Rio de Janeiro passou a ser a mais populosa e economicamente importante do país, além de abrigar as capitanias militares e de ser uma das sedes da Marinha portuguesa, na qual estava uma elite de comerciantes com capital naval e poder aquisitivo.

Por sua vez, na virada do século XIX para o XX, São Paulo também vivia um momento de transição e ascensão. Isso porque em menos de meio século sua população multiplicou em muitas vezes, razão pela qual a cidade se transformou em uma das capitais econômicas mais expressivas do Brasil.

Com a queda do regime monárquico, alguns músicos se articularam no Rio de Janeiro, tendenciosos por um repertório camerístico e sinfônico de estilos clássicos e origem germânica. Nessa perspectiva, eles destacavam uma diferença em relação às obras mais habituais da corte, até então vinculadas aos gêneros mais dramáticos e "sérios" – no caso, a ópera italiana – ou aos gêneros conhecidos como "ligeiros" – como operetas, burletas, zarzuelas, mágicas, revistas etc. Tal demanda era representada como uma espécie de "elevação intelectual" do país, o qual assumiu um perfil mais afinado com as matrizes culturais consideradas "civilizadas" e "modernas" (Pereira, 2013).

Nesse sentido, o Brasil experimentava um panorama cultural acelerado, consoante com a vida moderna. À época, fábricas foram criadas, indústrias ganharam mais força, e os primeiros jornais foram publicados. Todo esse cenário acarretou a expansão de lugares de diversão e lazer, resultando, assim, na elaboração de timbres e ritmos peculiares, tonalizados em tradições e nas constantes trocas culturais.

Naquele momento, já existiam associações privadas, a exemplo do Club Beethoven, fundado em 1882 por Robert Jope Kinsman Benjamin, e da Sociedade de Concertos Clássicos, firmada em 1883 pelo violinista cubano José White e pelo pianista português Arthur Napoleão. As duas instituições visavam à difusão e produção de tendências pouco habituais no país, a fim de privilegiar a produção escrita em detrimento da manufatura de bens simbólicos (Pereira, 2013).

Assim, a Sociedade de Concertos Clássicos passa a encarregar-se de concertos Sinfônicos Públicos no Rio de Janeiro, dirigida por Carlos de Mesquita e o Clube Beethoven.

Desse contexto, Leopoldo Miguez se destacou como uma liderança que, aliançada com outros intelectuais, músicos, literatos e artistas, ganhou evidência nas instituições voltadas à produção e difusão de uma música que seguisse novas diretrizes.

A Biblioteca Nacional e a Academia de Música estavam sendo dirigidas por Machado de Assis, que também promoveu esforços com o objetivo de criar hábitos de escuta diferenciados na vida musical da cidade.

Portanto, alavancados em torno de uma verdadeira República Musical, tanto músicos/compositores como intérpretes, críticos, professores e estudantes, além dos editores de música, mediados pela liderança de Leopoldo Miguez, levaram adiante um conjunto de ações concretas e simbólicas em favor de uma concepção de música e de sua constatação na conformação política e cultural do país (Pereira, 2013).

Em 1890, o Instituto Nacional de Música e a República Musical foram institucionalizados no Brasil. Isso aconteceu durante o governo provisório de Deodoro da Fonseca, quando o Conservatório de Música do Império foi refundado – projeto idealizado por Leopoldo Miguez.

O compositor era filho de pai espanhol e de mãe brasileira. Primordialmente, Miguez foi criado na Espanha, mas também morou em Portugal. Em 1871, viajou para o Rio de Janeiro e conseguiu emprego como violinista na Casa Dantas. Realizou alguns trabalhos com Napoleão e recebeu uma carta de recomendação do imperador para estudar no Conservatório em Paris, e assim Miguez o fez (Pereira, 2013).

Com as influências musicais adquiridas no continente europeu, Miguez retornou ao Brasil e foi integrado ao Club Beethoven, participando de concertos e atuando como professor de Música. Foi ele o autor da primeira sinfonia (1882) e sonata para violino (1887) feitas por um brasileiro (Pereira, 2013).

Nesse contexto, surgiu a necessidade de promover uma reforma das instituições artísticas. Tal projeto foi designado a José Rodrigues Barbosa, crítico e músico amador que organizou duas diferentes comissões: reorganizou a Academia Nacional de Belas Artes e o Instituto Nacional de Música, cuja origem era o Conservatório de Música do Império.

Então, Leopoldo Miguez foi nomeado diretor e teve a liberdade de escolher músicos de destaque na época para elucidarem os novos rumos pretendidos. Contudo, o compositor era muito centralizador e fiel aos modelos positivistas até então dominantes, que honrava expoentes da vida pública e cultural. Ainda, Miguez foi o autor do Hino Republicano e de dois poemas sinfônicos dedicados ao Marechal Deodoro da Fonseca em homenagem ao aniversário da República, sendo um deles o "Ave, Libertas", de 1890.

No ano de 1893, ocorreu a fundação do Centro Artístico, cujo objetivo era a defesa de uma arte nacional em todas as esferas: musical, dramática, literária e plástica. Miguez foi nomeado o presidente dessa instituição e, posteriormente, uniram-se a ele 13 professores do Instituto Nacional de Música e da Escola Nacional de Belas Artes, além de outros tantos do meio artístico da capital federal, que trabalhavam em função de projetos tidos como caminhos para uma sociabilidade intelectual e cultural em um espaço relevante.

A figura de Leopoldo Miguez (Figura 3.1) simbolizou a adesão de músicos ao "novo regime", assim como novas matrizes estéticas de parâmetro para nortear as práticas musicais do Brasil. Nessa ótica, a reforma relacionada ao conservatório era almejada juntamente ao desejo de autonomia quanto à Academia de Belas Artes.

Figura 3.1 – Leopoldo Miguez

Fonte: Don Quixote..., 1902, p. 1.

No Quadro 3.1, destacamos as principais obras do compositor.

Quadro 3.1 – Principais obras de Leopoldo Miguez

Música dramática	"Pelo amor!" "*I Salduni*" (Os Saldunes)
Música orquestral	"Sinfonia em si bemol" (1882) "Parisina" (1888) "*Ave libertas*" (1890) "*Prometheus*" (1891) "Marcha elegíaca a Camões" (1880) "Marcha nupcial" (1876) "Hino à Proclamação da República" (1890)
Música de câmara	"Silvia; *Suite à l'antique*" (1893) "Trio; Sonata para violino e piano"
Música instrumental	"*Allegro appassionato*" "Noturno" "Reina a paz em Varsóvia" "Noturno para contrabaixo e piano"
Música vocal	"Branca aurora" "*Le Palmier du Brésil*" "A instrução"

Leonardo Miguez faleceu em 1902, e a direção do Instituto Nacional de Música passou a ser de Alberto Nepomuceno.

Enfim, conforme mencionamos anteriormente, nesse período, inspiradas nos parâmetros europeus, as atualizações técnica e estilística da música de concerto estavam vinculadas a uma política oficial de modernização das artes em geral.

A elite republicana utilizava a música de concerto como prática e mecanismo de distinção social. As interações geradas nesse contexto ocasionaram certa disparidade entre a música de concerto e o público, além de uma hierarquização dos gêneros musicais e da valorização da autonomia de uma obra que mantivesse padrões e vínculos com a música europeia, contrariando movimentos de vanguardas musicais.

A originalidade que veio na esteira da ideia do romantismo era fundamental dentro da música de concerto, associada às noções de modernização e progresso, frutos do positivismo e do cientificismo dominantes. O cenário descrito acarretou mudanças na linguagem de composição tonal, mediante a valorização de estilos individuais (Pereira, 2013).

Reflexões acerca do que seria a identidade nacional e a elaboração de uma narrativa histórica a respeito da música popular brasileira surgiram no bojo da implantação da República. Em outros termos, era algo equivalente a analisar as diferenças nas músicas de compositores brasileiros e de autores de outras nações (Pereira, 2013).

Com relação à divulgação dos conceitos vinculados à história da música popular brasileira, a imprensa teve um importante e significativo papel quanto a certos aspectos, tais como o simbolismo de uma sociedade moderna e civilizada. Isso em meio às discussões sobre a cultura popular e seus elementos, a qualidade técnica e estética etc., as quais vinculavam compositores e intérpretes às escolas europeias.

3.2 Personagens da música popular urbana na virada do século

Nesse período, a cidade do Rio de Janeiro, então capital da República, contava com uma maior concentração de pessoas, principalmente negros (Tinhorão, 2010), muito em decorrência de conjunturas políticas e sociais, tais como o término de guerras, o declínio de lavouras, a seca do Nordeste, a abolição da escravatura etc.

Sob essa perspectiva, as músicas praticadas nos salões foram sendo adaptadas com o objetivo de serem executadas por grupos instrumentais diferenciados – conhecidos como *conjuntos de pau e corda* pelas pessoas das classes mais populares. Assim, gêneros como o choro e, posteriormente, o samba ganharam destaque como música de caráter urbano, fortemente influenciados pelos descendentes africanos que viviam no Brasil (Tinhorão, 2010).

No Rio de Janeiro, o choro já havia conquistado algum espaço desde aproximadamente o início da década de 1870. À época, era tão somente considerado um jeito de tocar a polca, a valsa, o *schottisch* e a quadrilha (Tinhorão, 2010). De início, o termo *choro* definia o "conjunto musical e as festas onde esses conjuntos se apresentavam" (Diniz, 2003, p. 13).

Quanto à origem do vocábulo, Cazes (1998) afirma que ele foi utilizado para representar a maneira com que os flautistas interpretavam as músicas na flauta – de maneira "chorosa". Diniz (2003) menciona que o termo consiste em uma mescla entre o verbo *chorar* e a palavra *chorus* (*coro*, em latim), de acordo com a interpretação do maestro Batista Siqueira. Ainda, usava-se *choro* para designar as festas dos escravos nas fazendas – segundo Cabral (2009), *choro* vinha da palavra *xolo*.

Apesar das diferentes versões quanto à origem da palavra, ele se tornou um dos gêneros musicais mais representativos do Brasil do século XIX. Sem dúvidas, a figura mais emblemática do choro foi Pixinguinha, um dos grandes personagens da vida urbana do período, verdadeiro virtuose que deixou um legado promissor com suas composições e sua vida musical.

Alfredo da Rocha Vianna Filho (1897-1973), o Pixinguinha, foi um maestro, flautista, saxofonista, compositor e arranjador. É tido como o principal nome da história do choro. Muitas de suas composições se tornaram importantes referências para os músicos da época. Suas demandas musicais contribuíram para a criação de modelos subsequentes para as gerações futuras de chorões que se seguiram.

Pixinguinha fez parte do famoso grupo Oito Batutas, de grande repercussão dentro e fora do Brasil. Quando esteve na França, ele e os demais integrantes tiveram contato com músicos americanos, e a partir dessa experiência, estabeleceram-se vínculos musicais com o *jazz*, firmando um novo processo para a música popular que, no referido momento, culminou no choro (Bastos, 2005).

Outro importante nome da música da época foi a instrumentista e regente carioca Francisca Edwiges Neves Gonzaga (1847-1935), mais conhecida como Chiquinha Gonzaga. Segundo Diniz (1984), ela é enaltecida como a maior personalidade feminina da história da música popular nacional. Primeira mulher maestrina a reger uma orquestra no Brasil, também compôs a primeira marcha de Carnaval de que se tem conhecimento (ainda muito tocada nos dias de folia), denominada "Ó abre alas".

Seu pai foi o militar José Basileu Gonzaga (homem branco), e sua mãe, Rosa Maria Gonzaga (mulher negra), que foi mãe solteira. Chiquinha Gonzaga recebeu de seus pais a educação tradicional à época, ou seja, foi criada para ser uma boa esposa, regida por bons valores sociais etc. Mas casou-se cedo, aos 16 anos, com o mercante Jacinto do Amaral, então oficial da Marinha (Diniz, 1984).

Contudo, não tardou e o casamento foi desfeito. Chiquinha, então, foi viver com um engenheiro em Minas Gerais. Porém, descobriu ter sido traída pelo marido e, com efeito, acabou retornando ao Rio de Janeiro. Ela, que já tinha um filho, João Gualberto, fruto do primeiro casamento, enfrentou o desprezo da família, pois tinha se separado do marido e estava na condição de mãe solteira, o que feria os padrões vigentes do cristianismo.

Mesmo assim, Chiquinha Gonzada tomou a decisão de seguir sendo independente como mãe solteira. Nesse contexto, dedicava-se à composição com o objetivo de substir, mas pagou um alto preço sofrendo preconceito social e familiar. De acordo com Diniz (1999), em função de suas escolhas, ela passou muitos anos sem poder visitar a mãe, o que só ocorreu após o falecimento de seu pai.

Composta em 1977, a polca "Atraente", um choro animado, foi seu primeiro grande sucesso. Diante da repercussão de sua primeira obra impressa, Chiquinha Gonzaga decidiu lançar-se ao teatro, mesmo ciente de que poderia ser vítima de preconceito. Sua carreira como regente teve início com a obra "A corte na roça", de 1885 (Marcílio, 2009).

A maestrina fez muito sucesso e recebeu inúmeros convites de trabalho. Em 1897, o Brasil todo dançou ao som de "Corta-Jaca" em forma de tango "gaúcho". Mas foi a marchinha "Ó abre alas", 1899, que elevou o patamar da compositora, conferindo-lhe o título de primeira compositora popular do Brasil (Marcílio, 2009).

O músico português João Batista Fernandes Lages, que vivia no Rio de Janeiro, tinha 16 anos quando conheceu Chiquinha Gonzaga, já com 52 anos de idade. Ambos começaram um relacionamento, mas, em razão do moralismo da época, a maestrina optou por registrar João Batista como seu filho (Diniz, 1999). Essa foi a solução por ela encontrada para não ter que enfrentar mais problemas ou escândalos e, também, para poder viver seu romance pacificamente. O casal viajou para fora do país, e Chiquinha também conquistou muito sucesso em Portugal com suas composições.

Além disso, a regente brasileira musicou muitas peças teatrais dos séculos XIX e XX, tendo sido uma das idealizadoras da Sociedade Brasileira de Autores Teatrais, em 1917 (Diniz, 1999). No mesmo ano, Chiquinha Gonzaga fundou a primeira sociedade protetora e arrecadadora de direitos autorais do país, a Sociedade Brasileira de Autores Teatrais (Sbat). A decisão de criar essa instituição se deu frente às dificuldades sofridas como compositora – certa vez, suas partituras foram utilizadas em Berlim sem sua autorização.

Cinco anos antes, em 1912, estreou a peça de teatro "Forrobodó", com a qual fez mais de 1500 apresentações, batendo o recorde de permanência em cartaz. A obra em questão se tornaria o maior sucesso do teatro de revista brasileiro.

Chiquinha Gonzaga foi muito prolífica em suas composições. Os jornais da época estimavam um número aproximado de 2 mil obras compostas pela maestrina, o que também foi sugerido por Mariza Lira, autora de uma biografia da artista, publicada em 1939 – embora a musicista brasileira nada tenha manifestado acerca do assunto.

Na década de 1940, através de obras catalogadas, pesquisadores deram início às primeiras tentativas de promover um levantamento das composições da maestrina. Nessa estimativa, costuma-se considerar que Chiquinha Gonzada escreveu entre 400 e 600 obras.

Um dos autores que se envolveram com essa pesquisa foi Bôscoli (1971, citado por Gomes, 2018), de acordo com quem Gonzaga teria publicado 443 obras. Joãozinho Gonzaga teve o cuidado de levar as pelas da maestrina à Biblioteca Nacional e ao Instituto de Música, para o fazer o devido registro. Algumas obras costumam, inclusive, aparecer mais de uma vez em determinados tópicos, embora com um teor diferenciado. Nessa perspectiva, veja, no Quadro 3.2, a somatória das produções de Chiquinha Gonzaga.

Quadro 3.2 – Obras de Chiquinha Gonzaga

38 polcas	43 valsas
77 diversos para piano	65 para canto e piano
68 canções e diversos para canto e piano (inéditas)	70 peças teatrais
12 para pequena orquestra (impressas)	20 para saxofone e piano
10 para flauta e piano	4 para cordas e piano
23 para pequena orquestra de salão	3 inéditas (para piano, violino ou v.cello)
5 para piano e banda, 5 para grande orquestra	

Fonte: Bôscoli, 1971, citado por Gomes, 2018, p. 91.

Posteriormente, a biógrafa Edinha Diniz (1999, p. 238) apresentou um levantamento mais preciso, conforme exposto por Gomes (2018, p. 92):

> são listados 388 títulos em ordem alfabética, contendo o modo de inscrição (impresso, manuscrito, editado), data, editora, número de páginas, instrumentação, gênero musical, coautores, número de registro, entre outras informações. Destas, 283 composições foram encontradas e verificadas pela pesquisadora, 28 músicas não foram localizadas, e, ao final, apresenta uma lista com descrição das 77 peças teatrais. Diniz reuniu em um mesmo item composições repetidas, compilações, versões e arranjo para distintas formações instrumentais, de modo que, diferentemente dos levantamentos anteriores, a somatória representa a quantidade de obras.

Chiquinha Gonzaga (Figura 3.2) abriu alas para as mulheres das gerações seguintes, mas não apenas em sua produção musical, como também, e especialmente, na sociedade da época.

Figura 3.2 – Chiquinha Gonzaga

Fonte: Chiquinha..., [ca. 1877].

A maior parte dos acervos à nossa disposição valorizam a artista e seu potencial. Na Figura 3.3, a seguir, podemos observar uma das páginas do jornal *Diário da noite*, publicado em 9 de agosto de 1933. Observe que foi produzido um texto acerca de Chiquinha Gonzaga, na terceira coluna textual à esquerda, no topo da página.

Figura 3.3 – Página do jornal *Diário da noite*

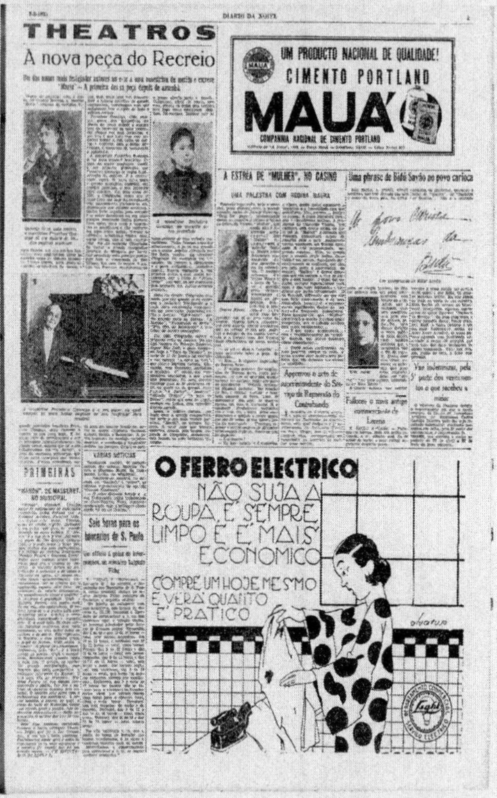

DIARIO DA NOITE

THEATROS

A nova peça do Recreio

UM PRODUCTO NACIONAL DE QUALIDADE!

CIMENTO PORTLAND

MAUÁ

COMPANHIA NACIONAL DE CIMENTO PORTLAND

A ESTRÉA DE "MULHER", NO CASINO

UMA PALESTRA COM REGINA MAURA

Uma phrase de Bidú Sayão ao povo carioca

PRIMEIRAS

VARIAS NOTICIAS

O FERRO ELECTRICO

NÃO SUJA A ROUPA, É SEMPRE LIMPO E É MAIS ECONOMICO

COMPRE UM HOJE MESMO E VERÁ QUANTO É PRATICO

Acervo da Fundação Biblioteca Nacional - Brasil

A passagem a seguir consiste em um trecho de uma nota de jornal encontrada no acervo da própria autora:

Cinquenta anos! Uma vida! Uma existência capaz de promover formidáveis conquistas para a inteligência humana, no terreno das artes como das ciências. Uma série de anos que poderiam operar na evolução natural das coisas, um grande progresso na criação musical feminina. No entanto, esse movimento de que Chiquinha

> Gonzaga foi a precursora no Brasil, não caminhou na vida como tudo mais caminhou aos olhos dessa velhinha. Não! A música parou, ou quase parou no que se refere à produção da mulher. Chiquinha Gonzaga foi a bússola. Mostrou o roteiro às suas patrícias. Mas, quase ninguém travou-lhe a mão para percorrê-lo. A mulher não pode ou não quer produzir. Resta-lhe a ventura de inspirar toda música que existiu e que existirá. (Gonzaga, citada por Gomes, 2018, p. 125-126)

A biografia da referida compositora tem enorme relevância no pensamento sobre o papel da mulher na sociedade da época, juntamente da luta e conquista por espaço nos cenários musical e artístico de modo geral. Isso porque Chiquina Gonzaga foi a primeira compositora no Brasil, a primeira regente, além de ter sido muito importante para o surgimento do choro. Ainda, suas obras tiveram grande de sucesso e foram apresentadas nos palcos de teatro dentro e fora do país. Portanto, ela deixou um acervo e um legado inspiradores na história e na música nacionais. Chiquinha Gonzaga morreu no Rio de Janeiro, no dia 28 de fevereiro de 1935.

Nascido em 1863, no Rio de Janeiro, o autodidata Ernesto Júlio de Nazareth foi outro músico de grande destaque na mesma época. Compôs sua primeira obra aos 14 anos, uma polca-lundu chamada "Você quem sabe". Seu primeiro grande sucesso, "Não caio noutra", uma polca de 1880, contou com várias reedições. Entre suas principais composições, estão os tangos brasileiros "Brejeiro" (1893), "Odeon" (1909) e "Batuque" (1909). Suas canções inspiraram os compositores nacionalistas que vieram posteriormente. Ernesto Nazareth (Figura 3.4) criou mais de 200 composições para piano solo, entre as quais estão tangos, valsas e polcas. Faleceu em 1934, também no Rio de Janeiro, onde nasceu.

Figura 3.4 – Ernesto Júlio de Nazareth

The History Collection / Alamy / Fotoarena

Como abordamos no capítulo anterior, Joaquim Antônio da Silva Callado, o "pai dos chorões", também integrou a primeira geração do choro. Entre suas 70 músicas, citamos como destaque a canção "Flor amorosa", de 1880.

Evidenciado como flautista habilidoso, tanto no improviso quanto na interpretação, o músico influenciou outros chorões em virtude de sua riqueza musical, além de ter feito parte da Academia Imperial de Belas Artes, onde foi professor de Música, dando aulas de flauta.

Também fez parte do conjunto O Choro do Callado, que contou com a participação de outros músicos expressivos, como Viriato Figueira, Virgílio Pinto e Chiquinha Gonzaga.

À época, era comum que o flautista soubesse ler partitura, ao passo que os demais músicos faziam o acompanhamento "de ouvido", como nos expõe Diniz (2003, p. 15):

Era um hábito comum o flautista desafiar, brincar, e às vezes fazer cair, com suas armadilhas harmônicas, o cavaquinista e os violonistas. O calor das rodas de choro, as malandragens nas execuções, a provocação dos instrumentistas solistas – tudo colaborava para imprimir ao gênero sua tônica de liberdade e improviso.

Nessa época, os músicos solistas ganharam destaque e projeção, tais como Patápio Silva (1880-1907) e Pixinguinha. De acordo com Diniz (2003), Patápio Silva (Figura 3.5) é considerado o maior virtuose da flauta brasileira. Além de ter sido premiado várias vezes como aluno do conservatório, participou de diversas gravações para a Casa Edison (a primeira gravadora do país) e viajou por várias cidades do Brasil fazendo apresentações.

Figura 3.5 – Patápio Silva

Arquivo Nirez

3.3 Os divertimentos populares e os lugares onde se fazia música

O início do século XX se caracterizou pelo surgimento das grandes cidades, pela modernização da vida, bem como pela urbanização das cidades e pela necessidade de entretenimento. Assim, a música, a dança e o teatro se tornaram atrações nos centros urbanizados. No teatro, inclusive, as representações de tragédias e comédias arrancavam muitos risos e divertiam a plateia.

O lundu também passou pelo teatro brasileiro por conta de sua coreografia provocante e pelo conteúdo de suas letras. Dessa forma, músicos, cantores, atores e palhaços conseguiam espaço e novas possibilidades de trabalho para atuação. Um exemplo foi o palhaço Eduardo Sebastião das Neves (1874-1919), também conhecido como Dudu das Neves, Palhaço Negro ou Trovador da Malandragem.

Dudu das Neves (Figura 3.6) nasceu no Rio de Janeiro e, além de palhaço, foi compositor, cantor e violonista. Seu pai era músico e frequentava as rodas de choro do século XIX. Depois de ser expulso do Corpo de Bombeiros, por ter participado de um movimento de greve, Eduardo das Neves começou a trabalhar como palhaço, compositor, cantor e violonista de circo no Rio. Logo passou a viajar por outros estados do Brasil, compondo, tocando, fazendo música e encantando pessoas.

Sua poesia refletia temas relacionados à questão negra, à diáspora africana, à negação da ancestralidade e à vida boêmia. Ele foi considerado pioneiro na indústria fonográfica brasileira, juntamente a Mário Pinheiro, Cadete e Baiano. Sua discografia é bastante extensa, e também foi autor de livros de poesia, os quais carregam marcas que evidenciam sua trajetória.

Algumas obras musicais destacadas em sua discografia são: "Estela", "O Aquidabã", "Isto é bom", "O meu boi morreu", "A conquista do ar" e "Marcha de 1902".

Figura 3.6 – Eduardo das Neves

Fonte: O Malho, 1917, p. 44.

Trabalhou no Circo Pavilhão Internacional, no Teatro Circo François, no Parque Rio Branco e no Teatro do Passeio Público. Faleceu em novembro de 1919. Posteriormente, seu filho Cândido das Neves, conhecido como Índio, deu sequência à história e ao legado da família.

Entre os muitos imigrantes oriundos da Europa que por aqui chegavam estavam os ciganos, que trouxeram consigo algumas práticas culturais distintas, tais como apresentações teatrais públicas. Eles eram mestres em domar ursos e cavalos através do ilusionismo. No Brasil, tais atos foram adaptados de maneiras diferentes em cada região e, assim, receberam novas características. Por exemplo, o palhaço europeu era menos falante e, em suas interpretações, recorria à mímica com muita frequência.

Por outro lado, o palhaço brasileiro era mais comunicativo em suas interpretações. Além disso, o público demonstrava ter apreço por atrações mais perigosas, entre as quais estavam fazer malabarismos em trapézios e domar animais ferozes. À época, o circo representava uma possibilidade de entretenimento apreciada popularmente, e as adequações pelas quais passava eram resultado direto das constantes trocas culturais.

Pixinguinha, sobre quem já falamos, foi o "primeiro solista brasileiro a improvisar nas gravações" (Cabral, 2009, p. 9). Entre suas composições mais conhecidas, estão "Um a zero" (1919), "Rosa" (1937), e seu maior sucesso, "Carinhoso" (1928). Por conta de sua representatividade no gênero, a data em que nasceu (23 de abril) foi cunhada como Dia Nacional do Choro.

O já mencionado conjunto de choro Oito Batutas, do qual Pixinguinha fazia parte, foi criado em 1919, no Rio de Janeiro, e contava com a seguinte formação: Pixinguinha (flauta), Donga (violão), China (violão e voz), José Pernambuco (canto e ganzá), Jacob Palmieri (pandeiro), Raul Palmieri (violão), Nelson Alves (cavaquinho) e Luiz Silva (reco-reco).

Todos esses músicos tiveram uma carreira promissora e também enfrentaram questões relacionadas ao racismo em sua trajetória. O grupo foi convidado pelo jornalista Assis Chateaubriand para fazer uma homenagem em um hotel do Rio de Janeiro. No entanto,

Pixinguinha teria sido barrado na entrada. O porteiro disse muito lamentar, mas os negros deveriam entrar pelos fundos. Mesmo resignado, o músico desculpou o funcionário: "Lamento, mas sei que o senhor está cumprindo ordens". O fato se tornou inspiração para uma canção, a qual foi letrada apenas 30 anos depois por Vinicius de Moraes: "Lamento".

Os Oito Batutas fizeram sua estreia em uma sala de espera de um cinema, mas, com o tempo, tornaram-se atração de filmes. Em razão do sucesso conquistado, começaram a se apresentar nas casas de festa da alta sociedade, tais como o Cabaré Assírio, bem como no Teatro Municipal.

O repertório da banda era diversificado e incluía choro, maxixe, batuques e cateretê, entre outros gêneros. O Quadro 3.3, a seguir, traz a discografia do grupo.

Quadro 3.3 – Discografia do conjunto Oito Batutas

Álbuns	Ano	Gravadora
Meu passarinho/Até eu	1923	Victor 78
Caruru/Urubu	1923	Victor 78
Graúna/Me deixa, serpentina!	1923	Victor 78
Lá-Ré/Pra quem é...	1923	Victor 78
Se papai souber/Tricolor	1923	Victor 78
Bataclan/Lá vem ele	1923	Victor 78
Nair/Não presta pra nada	1923	Victor 78
Falado/Já te digo"	1923	Victor 78
Três estrelinhas/Vira a casaca	1923	Victor 78
Até a volta/Vitorioso	1923	Victor 78
Oito Batutas	1955	Revivendo CD

Nesse período, os teatros eram o principal local de encontro da sociedade carioca, mas as melodias do grupo também ganharam as ruas na virada do século XIX para o XX. Ainda nessa época, começaram a surgir os cafés-cantantes, para quem tinha maior poder aquisitivo, e os chopes berrantes, voltados ao público das camadas sociais mais baixas, bem como confeitarias e praças com seus coretos, bailes e saraus, além de lojas de música e da indústria tipográfica com suas impressoras musicais. Tais eventos contribuíram enormemente para o desenvolvimento musical brasileiro (Diniz, 2003).

3.4 A Casa Edison e as primeiras gravações no Brasil

Na passagem do século XIX para o XX, o Rio de Janeiro vivia um momento de intensa movimentação cultural em razão das várias opções de entretenimento disponíveis, como cinemas, teatros, cafés e circos.

A cidade presenciou também a chegada de estrangeiros, produtores, diretores e demais profissionais relacionados ao teatro, à música e à dança, cuja interação resultou em muitas trocas de informações e novidades e, assim, a capital seguiu em processo de expansão e popularização. O mercado musical se fortaleceu e começou a conquistar seu espaço, vinculado também às publicações do circuito lítero-musical, por conta das edições de cancioneiros, os quais ganhavam espaço nos mais diversos ambientes culturais, tais como teatros e circos.

Outra novidade da época foi o surgimento de novas técnicas de gravação mecânica, como os fonógrafos e os gramofones, que fizeram da cidade uma rede de negócios de comércio nacional e internacional. Nessa ótica, novos músicos, compositores e consumidores foram dando suas caras, o que repercutia em todos os estados.

Fundada em 1900 pelo tcheco Frederico Figner (Figura 3.7), a Casa Edison, localizada no Rio de Janeiro, foi a primeira gravadora do Brasil e da América do Sul. A princípio, ela importava e revendia discos e cilindros fonográficos, mas a partir de 1902, tornou-se pioneira ao lançar a primeira música gravada no Brasil: o lundu "Isto é bom", de Xisto Bahia (Figura 3.8). Posteriormente, em 1917, a gravadora lançou o primeiro samba, "Pelo telefone", de Donga e Mauro de Almeida (Figura 3.9).

Figura 3.7 – Frederico Figner

Fonte: Avança!, 1904, p. 9.

Figura 3.8 – Bolacha do disco com o lundu "Isto é bom", de Xisto Bahia

XISTO BAHIA. Isto É Bom. Intérprete: Eduardo das Neves. Acompanhamento: Violão. Disco: Odeon R 108072 / 108076, n. da matriz: xR609. Coleção: Humberto Franceschi. Data: 1908. Acervo Instituto Moreira Salles.

Figura 3.9 – Bolacha do disco "Pelo telefone"

MAURO DE ALMEIDA. Donga. Pelo Telefone. Intérprete: Bahiano. Acompanhamento: Conjunto e Coro. Disco: Odeon R 121322 / 121323, n. da matriz: 121322-3. Coleção: Humberto Franceschi. Data: 1917. Acervo Instituto Moreira Salles.

De início, a Casa Edison foi uma representante da alemã Odeon Records e de seus selos. Porém, em 1926, perdeu esse posto e passou a representar a Parlophone, empresa que, após 1932, deixou de se envolver com a indústria fonográfica e seguiu para outras produções de tecnologias, encerrando suas atividades em 1960.

Ainda jovem, Frederico Figner foi aos Estados Unidos, na mesma época em que Thomas Edison estava lançando o fonógrafo, o primeiro equipamento utilizado comercialmente para reproduzir e registrar sons. O fonógrafo funcionava à base de cilindros giratórios recobertos com cera, considerados os primeiros tipos de mídia para gravação.

Então, Figner adquiriu um fonógrafo e vários cilindros de gravação. Voltou ao Brasil de navio em 1891, desembarcando em em Belém do Pará. Logo começou a ganhar fama e dinheiro mostrando a novidade para o público, que pagava para registrar a própria voz e, depois, escutá-la. O sucesso obtido o levou a viagens para Manaus, Fortaleza, Natal, João Pessoa, Recife e Salvador, até chegar, enfim, ao Rio de Janeiro, onde se fixou e fundou a Casa Edison em um sobrado localizado na rua Uruguaiana, importando e comercializando os primeiros fonógrafos.

Veja na Figura 3.10, a seguir, um panfleto de divulgação da recém-criada Casa Edison, e na Figura 3.11, foto da capa do primeiro catálogo editado no Brasil, por Frederico Figner, em 1900.

Figura 3.10 – Panfleto de divulgação da Casa Edison

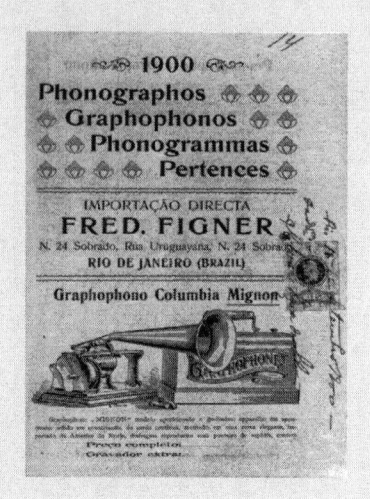

Fonte: Manhães, 2016.

Figura 3.11 – Imagem do primeiro catálogo musical editado pela Casa Edison

Após algum tempo, a Casa Edison ganhou um novo endereço: a Rua do Ouvidor, também no Rio de Janeiro.

O gramofone, utilizado nas gravações por Figner, é formado por uma base que contém um prato em formato circular. Trata-se de um mecanismo acionado por uma manivela, um braço com uma agulha e um difusor. O disco deve ser colocado no prato, que gira ao ser acionado manualmente pela manivela. Quando a agulha é posicionada na superfície do disco e este começa a rodar, as vibrações do sinal gravado são captadas e direcionadas para o difusor, o que permite sua audição.

Não tardou para que mais artistas começassem a gravar suas composições em discos, os quais que eram distribuídos pela Casa Edison e pela filial que Figner havia inaugurado em São Paulo. A procura por essas gravações cresceu intensamente, razão pela qual Figner fundou, em 1913, uma indústria fonográfica de grande porte, na Avenida 28 de Setembro, também no Rio de Janeiro, dando origem ao selo Odeon.

Figner se dedicou a criar catálogos com os produtos que comercializava via gravadora, importando e negociando. Na Figura 3.12, apresentamos uma imagem contendo o acervo de gravações da Casa Edison daquela época.

Figura 3.12 – Catálogo de gravações da Casa Edison

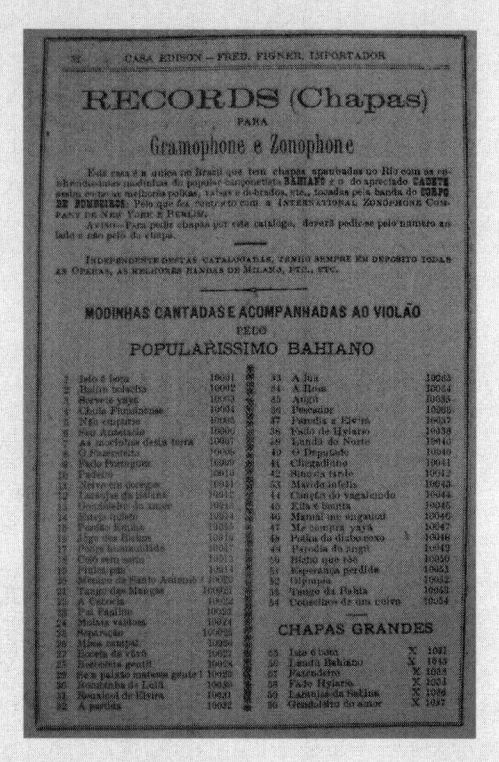

Fonte: Manhães, 2016.

Portanto, nesse período, na capital federal, as atividades musicais estavam em e expansão. A área do entretenimento ganhou um amplo espaço em razão do circuito lítero-musical dos cancioneiros, que conquistaram a cidade em diferentes ambientes, como circos, teatros, cafés, praças e coretos.

Frederico Figner investiu muito dinheiro e trouxe dos Estados Unidos muitas novidades. Mas antes mesmo de fundar a Casa Edison, ele já fazia gravações em cilindros, além da exibição de fonógrafos.

Em 1987, James Mitchel era o maior fornecedor de fonógrafos e gramofones dos Estados Unidos, e Figner era um grande comprador.

Foi a partir do final do século XIX que os cilindros já gravados passaram a ser raspados e reutilizados, embora o lucro fosse maior quando eram usados cilindros novos. Depois do século XX, sobre os cilindros moldados eram "produzidos em massa a partir de um processo eletrolítico de pulverização a ouro inventado por Edison" (Franceschi, 2002, p. 36), dispensando a necessidade de raspagem e a gravação de um cilindro por vez.

Assim, Frederico Figner começou a fazer a reprodução direta para os novos cilindros, através do "método de transferência dos registros sonoros de um cilindro para outro. Usava-se, no original, uma agulha reprodutora de ponta esférica e montada paralela a ela, e a ela também ligada, corria uma agulha de corte sobre o cilindro virgem gravando o conteúdo do cilindro original" (Franceschi, 2002, p. 40).

Ou seja, o surgimento das gravações mecânicas alterou significativamente as estruturas e os métodos de produzir, divulgar e consumir a música no país, sob a influência das novas tecnologias emergentes. Nesse sentido, graças aos acordos feitos por Figner, a Casa Edison se destacou obtendo a exclusividade da distribuição de discos no Brasil. Esse fato também se mostrou fundamental para profissionalizar as carreiras de músicos, cantores e compositores brasileiros, além de ter sido crucial para o surgimento da profissão de empresário de artistas, para a negociação de agendas, *shows* etc.

No final de sua vida, ele decidiu doar sua casa para a construção da instituição Retiro dos Artistas, que funciona até os dias de hoje.

Depois da Casa Edison, várias gravadoras foram fundadas no Brasil. Em 1913, foi inaugurada a primeira fábrica de discos do Brasil e do Hemisfério Sul, conhecida como "Casa Elétrica" ou "A Elétrica", a qual dominava técnicas modernas e inovadoras que mudaram muito a forma de produzir e distribuir a música gravada.

3.5 Villa-Lobos: da formação no Rio de Janeiro à consagração em Paris

Segundo Mariz (1983), o período nacionalista musical teve início nas últimas décadas do século XIX e durou até a época da Segunda Guerra Mundial. O principal elemento das composições dessa época diz respeito ao "toque patriótico pelo aproveitamento de ritmos ou melodias populares de [cada país], aberta ou veladamente, em peças de quase todos os gêneros" (Mariz, 1983, p. 93). Esse movimento ganhou maior evidência principalmente com a Semana da Arte Moderna, que ocorreu em 1922, e seu principal interesse era conhecer e difundir as raízes folclóricas do país.

Tal período foi marcado por digressões de pesquisadores pelo interior do Brasil, com o objetivo de buscar as raízes do patrimônio cultural nacional. Nessa ótica, a viagem considerada a mais famosa aconteceu em 1938, coordenada por Mário de Andrade, que, como já mencionamos, obteve recursos do Departamento de Cultura para a Missão de Pesquisas Folclóricas.

A expedição contou com os mais modernos equipamentos de registros da época, e os pesquisadores fizeram um trabalho intensivo, catalogando mais de mil melodias de tradição oral, bem como de gêneros vinculados ao trabalho, além de danças e cantos para atrair o gado e fazer ninar as crianças.

Junto de Mário de Andrade, estavam Luís Saia, Martin Braunwieser, Benedicto Pacheco e Antônio Ladeira (Figura 3.13), os quais percorreram regiões dos estados do Ceará, Pernambuco, Paraíba, Piauí, Maranhão e Pará. Essa viagem foi motivada pelas de Mário de Andrade, realizadas ainda na década de 1920, quando o autor concluiu que as manifestações culturais brasileiras tinham um significativo potencial a ser explorado.

Figura 3.13 – Foto do catálogo da Missão de Pesquisas Folclóricas de Mário de Andrade

Acervo Histórico da Discoteca Oneyda Alvarenga / Centro Cultural da Cidade de São Paulo / SMC / PMSP

Entre os grandes precursores do nacionalismo musical, também estão Brasílio Itiberê da Cunha (1846-1913), Alexandre Levy (1864-1892), Ernesto de Nazareth e Alberto Nepomuceno (1864-1920).

Um fato importante é que, naquela época, muitos compositores pesquisaram profundamente o folclore brasileiro e, a partir de suas coletas, utilizaram ritmos e temas folclóricos em suas obras, isto é, com raízes no cotidiano popular, motivados pela valorização da identidade nacional.

Foi nesse contexto que surgiu o maior nome da música brasileira: Heitor Villa-Lobos, nascido em março de 1887, no Rio de Janeiro, dois anos antes da Proclamação da República. A transição da forma de governo impactou severamente todos os âmbitos. Assim, os ideais de modernidade e liberdade fomentaram um cenário de favorecimento a novos padrões estéticos.

Villa-Lobos foi compositor, regente e instrumentista, e tocava violão, piano e violoncelo, instrumento que aprendeu a tocar aos 6 anos, ensinado pelo pai, também músico, mas amador, que foi autor de livros didáticos e trabalhava na Biblioteca Nacional. Tempos depois, Villa-Lobos também aprendeu a tocar clarinete (Mariz, 1983).

Juntamente a seu avô, nos fins de semana, ia a festas em uma casa localizada na Rua Ipiranga, as quais contavam com a participação de músicos populares que tocavam noite adentro. Quando criança, mudou-se com a família para Minas Gerais, onde conheceu as modas caipiras. Tais experiências foram temas para suas obras.

Ao retornar para o Rio de Janeiro, interessou-se pelo choro, especialmente porque artistas populares tocavam esse gênero nas praças e ruas da cidade. Seguiu praticando o violão e interagindo com músicos populares.

Já adolescente, estudou composição com os professores Frederico Nascimento e Agnelo França, mas já demonstrava a característica de contrariar regras e padrões estéticos.

Sua tia lhe apresentou ao ilustre compositor alemão Johann Sebastian Bach, que foi inspiração para a criação de suas obras mais importantes: "Trenzinho caipira" e "As nove bachianas brasileiras", as quais foram compostas entre 1930 e 1945 e promoveram um concílio entre o ideal universalista e o nacionalismo musical.

Mariz (1983) parece ser o único autor contemporâneo a citar as viagens de Villa-Lobos para o interior do Brasil, uma vez que outros pesquisadores contemporâneos não consideram verdadeiras as informações acerca dessas supostas viagens. Isso porque Villa-Lobos exercia enorme forte influência sobre tudo que se escrevia a seu respeito, e os relatos referentes a essas digressões são inspirados nas falas do próprio compositor. Ou seja, ele interferia diretamente na construção de sua própria imagem. Além disso, com relação aos fatos relatados, as fontes de confirmação são escassas e, ainda, lacunas temporais já foram identificadas.

Apesar disso, aspectos singulares de certos elementos especificamente brasileiros inspiraram muitas composições particularmente vinculadas ao nacionalismo eminente, entre as quais citamos "Amazonas" (1917), "Uirapuru" (1917) e "Choro n. 1" (1920).

Em 1913, Villa-Lobos se casou com a pianista Lucília Guimarães. Após o casamento, passou a se apresentar constantemente no Rio de Janeiro, mas não foi bem recebido pelos críticos da época. Então, dedicou-se a tocar violoncelo nas orquestras dos teatros e cinemas cariocas.

Ao mesmo tempo que a modernidade assustava alguns, encantava a outros. Isto é, os intelectuais da época aplaudiam o compositor, porém, os jornais publicavam críticas a ele. Certa vez, Villa-Lobos se posicionou frente a essa situação da seguinte forma:

> Não escrevo dissonante para ser moderno. De maneira nenhuma. O que escrevo é consequência cósmica dos estudos que fiz, da síntese a que cheguei para espelhar uma natureza como a do Brasil. Quando procurei formar a minha cultura, guiado pelo meu próprio

instinto e tirocínio, verifiquei que só poderia chegar a uma conclusão de saber consciente pesquisando, estudando obras que, à primeira vista, nada tinham de musicais. Assim, o meu primeiro livro foi o mapa do Brasil, o Brasil que eu palmilhei, cidade por cidade, estado por estado, floresta por floresta, perscrutando a alma de uma terra. Depois, o caráter dos homens dessa terra. Depois, as maravilhas naturais dessa terra. Prossegui, confrontando esses meus estudos com obras estrangeiras, e procurei um ponto de apoio para firmar o personalismo e a inalterabilidade das minhas ideias. (Museu Villa-Lobos, citado por Construir Notícias, 2023)

Ele teve o privilégio de participar do movimento modernista que invadiu a cidade de São Paulo em 1922. No início do século XX, os jovens foram influenciados pela ótica europeia de romper com o espírito conservador antecessor. Nesse sentido, o modernismo foi o terreno em que floresceram ideias libertadoras de luta por avanços e transformações.

Durante a Semana de Arte Moderna, Villa-Lobos realizou 13 concertos, em cinco programas, nos quais não interpretou nenhuma composição específica para o evento, o que lhe rendeu algumas críticas negativas. No entanto, ele seguiu motivado em levar suas canções para Paris e organizar novos concertos.

Tempo depois do fim do evento, Villa-Lobos e seus amigos apresentaram um projeto à Câmara dos Deputados com o objetivo de ir à Paris (o grande centro das ideias modernistas). Tendo sido aprovado, logo viajou até a capital francesa, em 1923. Na Europa, regeu orquestras e tocou suas composições em várias capitais europeias, ganhando prestígio internacional, pois causava impressões impactantes em virtude da ousadia de suas canções.

Posteriormente, em 1930, voltou ao Brasil já como compositor de destaque no continente europeu. Em choque com o cenário referente ao ensino de música nas escolas brasileiras, Villa-Lobos criou um projeto de educação musical em parceria com João Alberto, interventor de São Paulo. Não tardou para que ganhasse a devida atenção e o apoio da Superintendência de Educação Musical e Artística (Sema). Mas foi somente após a aprovação desse projeto que o compositor carioca retornou definitivamente para morar no país.

Intrigado com o cenário relacionado ao ensino de Música nas escolas brasileiras, Villa-Lobos voltou ao Brasil para a implantação de seu projeto, que havia sido aprovado: o canto orfeônico, uma prática musical coletiva voltada para alunos da escola pública. Além disso, não exigia conhecimentos musicais prévios, e todos os alunos tinham que participar. A finalidade também era ensinar conceitos relativos à disciplina e ao civismo. .

Assim, em 1931, Villa-Lobos organizou a Concentração Orfeônica (Figura 3.14), que reuniu aproximadamente 12 mil vozes, sendo conhecida como Exortação Cívica.

Figura 3.14 – Concentração orfeônica

No ano de 1933, ele foi convocado para assumir a Sema, com o intuito de estabelecer o ensino de música e de canto coral nas escolas. Já em 1936, com total apoio do então presidente Getúlio Vargas, viajou à Europa para participar de um congresso de educação musical em Praga, no qual apresentou e divulgou seu trabalho educativo musical realizado no Brasil. Inclusive, sua Concentração Orfeônica chegou a reunir quarenta mil escolares sob sua regência.

Em 1942, Villa-Lobos fundou o Conservatório Nacional de Canto Orfeônico, que visava formar candidatos ao Magistério Orfeônico oriundos das escolas primárias, bem como estruturar e elaborar diretrizes para o ensino do canto orfeônico no Brasil, além de realizar gravações e impulsionar estudos direcionados à musicologia.

O compositor brasileiro até mesmo recebeu um convite do maestro norte-americano Werner Janssen para fazer uma turnê pelos Estados Unidos em 1944, fechando, assim, um ciclo de consagração internacional.

Heitor Villa-Lobos foi capaz de unir a música popular à erudita em um momento no qual a sociedade não dava créditos à música de rua. Também imprimiu as características da brasilidade em suas obras, valorizando a cultura popular. Tal feito se tornou possível em virtude das pesquisas realizadas em viagens, assim como de sua imersão nas culturas locais. Seus feitos artísticos levaram-no a gozar de enorme prestígio nacional e internacionalmente.

Síntese

Neste capítulo, abordamos o período em que o Brasil foi uma República (1889) até a Semana de Arte Moderna, de 1922. Estudamos aspectos históricos relevantes e influentes na vida musical e cultural do país e destacamos compositores brasileiros de renome na música de concerto.

Apresentamos artistas expressivos nos gêneros brasileiros e que foram pioneiros nos diferentes formatos assumidos pela música popular urbana na virada do século. Esses compositores e intérpretes de nossa música ousaram ao se libertarem dos padrões até então impostos. Motivados pelo espírito da corrente modernista que se instaurava, buscaram imprimir as marcas e a identidade do povo brasileiro não apenas na música, mas em todas as linguagens da arte, alterando significativamente o percurso da história da música brasileira.

Também falamos sobre o surgimento da Casa Edison (a primeira gravadora do país) e o desenvolvimento da indústria fonográfica, ambos impulsionados pela profissionalização das atividades musicais, impactando a indústria cultural como um todo.

Além disso, conhecemos as práticas musicais vinculadas ao divertimento: o teatro de revista, o circo e o coreto, bem como músicos importantes desse cenário, com destaque para Eduardo das Neves, uma das figuras mais populares da música de então, e para o conjunto Oito Batutas, de enorme relevância dentro e fora do país.

Por fim, apreciamos a brilhante jornada de Heitor Villa-Lobos, um representante do modernismo e considerado um dos maiores compositores de música erudita brasileira, por ser capaz de integrar em suas composições o folclore, a nacionalidade e a música erudita. Ainda, Villa-Lobos revolucionou a educação musical brasileira, por meio de práticas promissoras, tais como o Canto Orfeônico. O compositor, de prestígio mundial, transcendeu as barreiras geográficas e levou nossa música, nossas raízes e nossa cultura para além das fronteiras. Villa-Lobos faleceu em 17 de novembro de 1959, vítima de câncer.

Atividades de autoavaliação

1. Acerca do período da república musical no Brasil, avalie as assertivas que seguem e marque V nas verdadeiras e F nas falsas.
   ( ) Nessa época, as canções populares foram sendo aceitas sem nenhuma resistência por todas as classes sociais.
   ( ) Não havia distinção entre as músicas europeia e brasileira, mas sim uma hibridação cultural dessas músicas, bem como um único espaço social para ambas.
   ( ) Leopoldo Miguez promoveu ações concretas sobre a concepção da música quanto à conformação política e cultural do país.
   ( ) Leopoldo Miguez era contra os ideais de conformação política e cultural, tendo participado de vanguardas musicais contrárias a tais concepções.
   ( ) Para o músico da época, desejava-se que tivesse capacidade intelectual sensível e comprometida com os padrões impostos pela sociedade europeia.

   A seguir, assinale a alternativa que apresenta a sequência correta:

   a) F, V, F, F, V.
   b) V, V, V, F, F.
   c) F, F, V, F, V.
   d) F, F, V, V, V.
   e) V, V, F, F, V.

2. Sobre os personagens na música de destaque no Brasil, do início do século XX, considerados os pioneiros da música urbana,

avalie as assertivas que seguem e marque V nas verdadeiras e F nas falsas.

( ) Chiquinha Gonzaga é considerada a primeira maestrina e compositora na história da música popular brasileira, tendo escrito mais de 2.000 composições.
( ) Pixinguinha não atingiu um repercussão musical nacionalmente, pois se destacou fora do pais.
( ) Pixinguinha incorporou características do *jazz* no choro.
( ) Eduardo das Neves se destacou como um dos maiores artistas da época, tanto pelas suas aptidões musicais quanto pelos ofícios de poeta e palhaço.
( ) Eduardo das Neves foi um palhaço que realizou espetáculos em parceria com músicos notórios da época, pois não tinha aptidões que o qualificassem musicalmente.

A seguir, assinale a alternativa que apresenta a sequência correta:

a) F, V, F, F, V.
b) V, V, V, F, F.
c) V, F, F, V, V.
d) V, F, V, F, V.
e) F, F, F, V, F.

3. Considerando os divertimentos populares do início do século XX, avalie as assertivas que seguem e marque V nas verdadeiras e F nas falsas.
( ) O teatro de revista, prática que surgiu na França, conquistou o Brasil do período.

( ) O teatro, prática trazida por imigrantes que vieram da Europa, ocorria em espaços públicos e contavam com ilusionistas, animais ferozes e palhaços.
( ) Os coretos das praças eram lugares nos quais os músicos se reuniam para publicamente tocarem cancioneiros populares.
( ) Os divertimentos populares eram de exclusividade da aristocracia, e as classes populares não podiam participar de eventos.
( ) O teatro de revista não ganhou espaço no Brasil, apesar de ser apreciado pela corte em razão do aspecto simplista de seus espetáculos.

A seguir, assinale a alternativa que apresenta a sequência correta:

a) F, V, F, V, F.
b) V, F, V, F, V.
c) V, V, F, V, F.
d) V, V, V, F, F.
e) V, F, F, V, V.

4. Acerca da Casa Edison e dos eventos a ela relacionados, avalie as assertivas que seguem e marque com V as verdadeiras e F as falsas.
   ( ) Foi criada em 1900 por Frederico Figner, sendo a primeira gravadora do país.
   ( ) Manuel Pedro dos Santos, o Bahiano, em 1902, gravou o primeiro disco produzido pela Casa Edison, com o lundu "Isto é bom".

( ) "Pelo telephone", composição de Donga e Mauro de Almeida, e interpretada por Bahiano, é considerada a primeira gravação de um samba feito no Brasil.
( ) Não há controvérsias históricas registradas no que se refere à autoria da canção "Pelo telephone".
( ) Em 1913, foi inaugurada a primeira fábrica de discos no Brasil e do Hemisfério Sul, a qual dominava técnicas modernas de gravação.

A seguir, assinale a alternativa que apresenta a sequência correta:

a) V, V, V, F, V.
b) V, F, F, F, V.
c) F, F, V, F, F.
d) V, V, F, F, F.
e) V, F, V, V, F.

5. Sobre Heitor Villa-Lobos, avalie as assertivas que seguem e marque com V as verdadeiras e F as falsas.
   ( ) Integrou o movimento modernista, o qual buscava a libertação de padrões impostos até então, rompendo com o espírito conservador.
   ( ) Buscou promover um toque patriótico em suas composições, aproveitando ritmos e melodias populares do nosso país.
   ( ) Procurou manter rigidamente os padrões e moldes impostos pela cultura europeia.
   ( ) Criou uma pedagogia de educação musical que revolucionou o ensino da Música na época através do canto orfeônico.

( ) Opôs-se à prática do canto orfeônico que era utilizado no ensino musical nas escolas públicas e desenvolveu um método inspirado nos moldes europeus.

A seguir, assinale a alternativa que apresenta a sequência correta:

a) V, V, F, V, F.
b) F, F, V, V, F.
c) F, V, F, F, V.
d) V, F, F, V, V.
e) V, V, V, F, F.

Atividades de aprendizagem

Questões para reflexão

1. O surgimento da Casa Edison e das gravações resultou em quais mudanças na atuação dos músicos da época?

2. O que os artistas impulsionados pelo modernismo buscavam em relação às questões musicais? Nesse contexto, qual foi a relevância de Heitor Villa-Lobos?

Atividade aplicada: prática

1. Busque, em seu serviço de *streaming* de preferência (YouTube, Spotify, Amazon, Deezer etc.), o choro "Flor amorosa", de Joaquim Antônio da Silva Callado, e ouça-o atentamente. Na música, procure identificar as três partes distintas características do choro na tonalidade inicial, na homônima menor e na tonalidade vizinha. Depois, procure constatar esse padrão em outros choros à sua escolha.

Capítulo 4
DA SEMANA DE ARTE MODERNA AO FIM DO ESTADO NOVO

Florinda Cerdeira Pimentel

Neste capítulo, abordaremos alguns dos principais aspectos relacionados à Semana da Arte Moderna. Nesse sentido, compreenderemos o papel de Mário de Andrade na construção do que hoje conhecemos como música popular brasileira (MPB). Também estudaremos a trajetória do samba, desde sua origem até o momento em que ganhou espaço nas grandes cidades. Além disso, apresentaremos os artistas que atuaram na política durante o governo de Getúlio Vargas e os principais compositores modernistas e contemporâneos do Brasil: de Heitor Villa-Lobos, Francisco Mignone e Camargo Guarnieri à Guerra Peixe e Cláudio Santoro. Por fim, vamos conhecer o Grupo Música Viva e o trabalho do professor Hans-Joachim Koellreutter.

4.1 O modernismo musical de Mário de Andrade

A Semana de Arte Moderna, ocorrida nos dias 13, 15 e 17 de fevereiro de 1922, no Teatro Municipal de São Paulo, foi o grande marco para a implantação do modernismo no Brasil. O evento, ambientado com exposições de artes plásticas, foi palco de concertos e leituras de prosas e poesias, como "Os sapos", da obra *Carnaval*, de Manuel Bandeira (1918). Segundo Bueno (2007), o poema era uma sátira ao movimento parnasiano, que antecedeu o modernismo.

> Enfunando os papos,
> Saem da penumbra,
> Aos pulos, os sapos.
> A luz os deslumbra.
> Em ronco que aterra,

> Berra o sapo-boi:
> — "Meu pai foi à guerra!"
> — "Não foi!" — "Foi!" — "Não foi!".]
> O sapo-tanoeiro,
> Parnasiano aguado,
> Diz: — "Meu cancioneiro
> É bem martelado. (Bandeira, 1919, p. 158)

Realizada em uma época de turbulências nos âmbitos político, social, econômico e cultural, principalmente em decorrência dos efeitos da Primeira Guerra Mundial (1914 e 1918), a Semana da Arte Moderna, liderada por Graça Aranha (1868-1931), intelectual da Academia Brasileira de Letras (ABL), reuniu um grupo de artistas paulistas e cariocas, músicos, pintores, escritores e escultores. Entre essas figuras, estavam Heitor Villa-Lobos (1887-1959), Mário de Andrade (1893-1945), Oswald de Andrade (1890-1954), Manuel Bandeira (1886-1968), Anitta Malfatti (1889-1964) e Di Cavalcanti (1897-1976). O principal objetivo do movimento era promover a ruptura com os parâmetros tradicionais artísticos em geral vigentes na época, trazendo uma nova estética à arte brasileira, com uma forma livre de se expressar, criando uma identidade própria. Diante disso, o evento visava aos seguintes aspectos:

- a liberdade de expressão;
- a utilização de linguagem coloquial, com aproximação à linguagem oral;
- a crítica à estética literária parnasiana;
- a valorização do nacionalismo;
- a ruptura com os formalismos nas composições do romantismo;
- a oposição aos padrões tradicionais da academia.

Conforme Travassos (2003), a realização do evento no Teatro Municipal de São Paulo se tornou possível por conta dos dois principais apoiadores, o fazendeiro e comerciante de café Paulo Prado (1869-1943), que atuava como mecenas em São Paulo, e o líder do movimento, Graça Aranha. A apresentação nesse local foi considerada uma afronta aos artistas tradicionalistas e à elite social da cidade, uma vez que o Teatro Municipal era a principal casa de concertos da época.

O primeiro dos três dias do evento contou com a palestra de Graça Aranha, com o tema "A emoção estética da arte moderna", além de exposições artísticas e apresentações musicais. O teatro atingiu sua lotação máxima em virtude do prestígio local de Aranha, e, apesar da estranheza geral, o primeiro dia do evento foi tranquilo.

"Os sapos", de Manuel Bandeira, foi lido no segundo dia do evento pelo escritor Ronald de Carvalho (1893-1935), já que o autor original estava enfermo, com crises de tuberculose. Também aconteceram apresentações musicais e uma palestra do escritor e artista plástico Menotti del Picchia (1892-1988). Nesse dia, o público, indignado com a crítica parnasiana do texto de Manuel Bandeira, respondeu com muitas vaias.

No terceiro dia, já não havia muitas pessoas na plateia do Teatro Municipal de São Paulo para acompanhar a apresentação musical de Heitor Villa-Lobos. O compositor se apresentou de chinelos e vestindo uma casaca, razão pela qual foi vaiado pelo público, que considerou seu traje uma afronta. Porém, o músico calçava chinelos em razão de um problema no pé.

Mesmo sendo recebida com vaias e reprovação por parte da sociedade brasileira, com a Semana de Arte Moderna, foi possível perceber uma representação artística brasileira movida por um desejo de renovação e cumprindo com o objetivo de romper com os tradicionais padrões artísticos europeus.

O músico, escritor, crítico e folclorista Mário de Andrade, reconhecido como grande artista literário, também contribuiu para o desenvolvimento do pensamento modernista no campo musical graças às suas reflexões sobre a música de concerto apresentada no início do século XX. Por conta de sua formação musical, atuou como professor de piano no Conservatório Dramático e Musical de São Paulo. Ainda, era considerado um polígrafo, característica comum aos intelectuais modernistas, que escreviam sobre variados assuntos, como arte, sociedade, política e música. Sua crítica girava em torno das apresentações predominantemente europeias que circulavam pelas salas de concerto no Rio de Janeiro. Em São Paulo, o artista contribuiu para o surgimento de novas formas de se fazer música.

A inquietação de Mário de Andrade a respeito da música europeia vinha de um sentimento nacionalista dominante na época, o qual fazia com que os artistas locais primassem pelo material musical de seus próprios países, contradizendo a internacionalização vigente no século XIX. Com isso, seu trabalho como crítico musical foi fundamental para que a cultura popular e seus elementos musicais passassem a fazer parte do processo composicional de vários artistas, entre eles, Oscar Lorenzo Fernandez (1897-1948), Francisco Mignone e Mozart Camargo Guarnieri (1907-1993) e Heitor Villa-Lobos. No entanto, não se promoveu exatamente uma total ruptura com a música de concerto, pois contava-se com o fato de os compositores engajados com a causa nacionalista tivessem o devido conhecimento musical para o desenvolvimento de um novo formato de composição. Nesse sentido, a música deveria tratar da realidade social do povo e ser "eficiente", com "valor humano" (Andrade, 1972, p. 19), ao passo que aquele que fizesse "arte internacional ou estrangeira, se não for gênio, é um inútil" (Andrade, 1972, p. 19).

A obra *Ensaio sobre a música brasileira*, publicada em 1928, apresenta as primeiras pesquisas de Mário de Andrade a respeito da música e da dança no Brasil. No texto, o autor procura estabelecer relações entre as músicas de concerto e popular e propõe diversas ferramentas para a nacionalização do fazer musical no país, sempre valorizando a cultura e as tradições populares como temáticas principais.

Contier (1995) comenta que, apesar de entender a sociedade burguesa como atrasada sob os aspectos culturais, sociais, filosóficos e artísticos, Mário de Andrade era otimista quanto ao futuro, uma vez que considerava que o progresso estaria internalizado no ser humano: "Mário esboçou no *Ensaio* uma pregação missionário-doutrinária, visando despertar nos artistas uma tomada de consciência de seus 'erros', tais como: exotismo; individualismo exacerbado; mimetismo; apologia do tradicionalismo musical europeu" (Contier, 1995, p. 2).

A partir de tais reflexões, a mudança de olhar por parte dos compositores nacionalistas que pretendiam criar algo que destacasse as raízes de sua nação e que fosse acessível a todos levou os artistas a primarem por conhecer as tradições da cultura popular. E para tanto, os textos e as pesquisas de Mário de Andrade, que, como já mencionamos, era folclorista e crítico musical, foram fundamentais no sentido de fortalecer esse novo jeito de pensar sobre a música.

Em 2022, o Brasil celebrou os cem anos da Semana da Arte Moderna, evento que contribuiu significativamente para a reflexão sobre as artes no Brasil.

> **Pausa para escuta**
>
> Aponte a câmera do celular para o QR Code ao lado e complemente seus estudos ouvindo o *podcast* comemorativo sobre os cem anos da Semana de Arte Moderna, em que a jornalista Natuza Nery entrevista o professor e pesquisador Luiz Armando Bagolin, do Instituto de Estudos Brasileiros da USP.

4.2 O samba: surgimento e profissionalização

Nesta seção, contaremos um pouco da história do gênero musical que foi considerado como a representação da identidade cultural do Brasil na era de Getúlio Vargas. Vamos conhecer as origens do samba e de que modo, aos poucos, ele foi conquistando seu espaço na cultura brasileira. Abordaremos a trajetória desde a Pedra do Sal e as casas das tias baianas, onde tudo começou, até sua expansão pela indústria fonográfica.

4.2.1 Tem festa nas casas das tias baianas

"Quem não gosta do samba bom sujeito não é. Ou é ruim da cabeça ou doente do pé" (Caymmi, 1940). Com esse trecho da canção "Samba da minha terra", de Dorival Caymmi (1914-2008), gravada em 1941 pelo Bando da Lua, vamos conhecer a trajetória do samba, uma das manifestações musicais mais significativas para a história da música brasileira. O percurso que sedimentou o samba como um grande referencial de nossa cultura se atrelou à trajetória da cultura popular brasileira e à formação social do povo brasileiro a partir do início do século XX.

O samba é brasileiro, mas sua composição rítmica derivou de várias manifestações sociais e culturais dos povos africanos. A palavra *samba* vem da expressão *semba*, que significa *umbigada*, uma dança de roda praticada originalmente na Angola e, posteriormente, também no Brasil. Diferentemente do jongo, a umbigada era considerada uma dança profana, e as rodas aconteciam após os ritos religiosos, sempre acompanhadas pelos batuques, como eram chamados pelos portugueses os diversos ritmos africanos.

A formação do gênero samba consistiu em uma mescla de influências europeias e africanas, bem como em uma fusão de outros gêneros, como valsa, polca, maxixe, jongo e lundu. Além disso, a origem de sua base rítmica é centro-africana, da Angola e do Congo, e a base harmônica traz informações da música tonal europeia. Outra característica vinculada à construção do samba diz respeito à inserção de instrumentos musicais como os tambores africanos e o pandeiro, que, inclusive, é protagonista no gênero. O pandeiro que conhecemos atualmente foi sendo modelado por diversas influências em seu percurso até o Brasil, durante a invasão dos árabes (criadores do instrumento) à Península Ibérica.

> Entre tantos conteúdos culturais deixados como legado árabe na Península Ibérica, encontramos no campo musical alguns elementos relevantes que denotam esta influência e que podem ser reconhecidos por meio de estruturas musicais, gêneros e instrumentos que posteriormente chegaram ao Novo Mundo trazidos pelos colonizadores. (Rodrigues, 2014, p. 32)

Outros instrumentos característicos do samba são o violão, também de origem ibérica, o cavaquinho e, em algumas diferentes versões, objetos como prato e faca, utilizados no samba de roda. Também não podemos deixar de mencionar a enorme importância da expressão corporal e da utilização das palmas, que tornam esse gênero tão festivo e contagiante.

Quando pensamos na origem do samba, temos como ponto de partida a Pedra do Sal, no Largo João da Baiana, aos pés do Morro da Conceição, localizado na cidade do Rio de Janeiro, especificamente no bairro da Saúde. O nome do local se deve ao descarregamento do sal que chegava nos navios que aportavam no Cais do Porto. Além disso, o morro também é conhecido como Pequena África, pois, antigamente, o lugar tinha sido um ponto de venda de escravos e, posteriormente, recebeu muitos negros oriundos da Bahia e que passaram a residir nos arredores. Entre esses negros, muitos eram mães de santo e estivadores que trabalhavam no cais fazendo o descarregamento do sal. Foram estes, portanto, os primeiros sambistas.

Nas casas das mães de santo, conhecidas como *tias baianas*, grandes festas eram promovidas. Pensar nesses eventos é imaginar as tradições baiana e carioca agregadas às raízes mais profundas dos batuques africanos, além da religiosidade, da convivência, das comidas e bebidas e de muita diversão. As festas eram distribuídas pelas casas da seguinte maneira: o baile acontecia na sala de visita, um samba de partido-alto ocorria na parte dos fundos, e a batucada, no terreiro. Segundo Moura (1995), outras tias também abriam suas casas para realizar as festas do samba, da fé e dos quitutes baianos, entre elas, Tia Perpétua, Tia Veridiana, Calu Boneca, Maria Amélia, Tia Mônica e Tia Gracinda. "Mas a mais famosa de todas as baianas, a mais influente, foi Hilária Batista de Almeida, Tia Ciata, relembrada em todos os relatos do surgimento do samba carioca e dos ranchos, onde seu nome aparece gravado Siata, Ciata ou Assiata" (Moura, 1995, p. 127).

Sobre a casa da Tia Ciata, Sandroni (2012, p. 6) comenta: "As janelas de Tia Ciata, abrindo-se para a rua Visconde de Itaúna, na Cidade Nova, bairro integrante do recorte urbano que Heitor dos Prazeres chamou de 'a pequena África' do Rio de Janeiro, davam para a Praça Onze, legendário lugar de memória do carnaval carioca".

A casa era frequentava por muitos sambistas renomados, como Donga, Pixinguinha e Sinhô, assim como por intelectuais da época, como Mário de Andrade, Manuel Bandeira e demais escritores modernistas, além de vários estrangeiros atraídos por aquela cultura diferenciada. As festas eram regadas a muita alegria, risadas, comes e bebes e, principalmente, samba, o que chamava a atenção das autoridades locais. Contudo, até mesmo a conturbada relação com a polícia se tornou inspiração para compor. E assim surgiu o primeiro samba a ser gravado: "Pelo telefone", de Donga.

4.2.2 "Pelo telephone": o primeiro samba oficialmente registrado

Com fortes influências do maxixe, a canção "Pelo telefone" foi criada em 1916 pelo violonista e compositor Ernesto dos Santos, o Donga (1890-1974), e registrada na Biblioteca Nacional sob o n. 3.295. Trata-se de um samba carnavalesco forjado com o objetivo de ser promovido no carnaval do ano seguinte.

Na época, os jogos de azar eram proibidos no Brasil. Com isso, a letra original da música causou uma grande polêmica, pois fazia uma sátira à corrupção da polícia local:

> O chefe de polícia
> Pelo telefone
> Mandou avisar
> Que na Carioca
> Tem uma roleta
> Para se jogar... (Moura, 1995, p. 171)

Posteriormente, a canção foi registrada e gravada com alterações que não citavam a sátira à polícia. Em vez disso, prestavam uma homenagem aos membros do Clube Democratas e aos demais carnavalescos cariocas:

> O chefe da folia
> Pelo telefone
> Manda avisar,
> Que com alegria,
> Não se questione,
> Para se brincar. (Moura, 1995, p. 173)

O samba maxixado de Donga tem um ritmo ideal para se dançar no lugar. Entretanto, foi necessário promover alterações em seu sincopado, para que o samba se tornasse mais adequado para cortejos. Nesse sentido, o ritmo deveria impulsionar os sambistas a desfilarem em seus blocos no carnaval, e assim surgiu o chamado samba urbano carioca, ou samba do Estácio. De acordo com Lopes e Simas (2015, p. 7), esse samba "aos poucos ganhou em cadência rítmica, melodia, harmonia e letra, bem como em diversidade estilística. E isso certamente pela atração que exerceu sobre compositores profissionais dos ambientes do rádio e da indústria fonográfica, recém constituídos".

Partitura 4.1 – Samba-maxixe

Partitura 4.2 – Samba urbano carioca

> 📖 **Pausa para escuta**
>
> Aponte a câmera do celular para o QR Code ao lado e complemente seus estudos assistindo a um documentário em que diversos artistas e o pesquisador e escritor Luiz Antonio Simas falam sobre a origem do samba. A partir do terceiro minuto, o pesquisador apresenta de maneira prática o que levou a célula rítmica do maxixe, apresentada na Partitura 4.1, a receber novos aspectos de síncope para atingir ao objetivo de se criar um samba que pudesse ser utilizado em desfiles de rua (Partitura 4.2).

Depois do sucesso de Donga, J. B. da Silva, o Sinhô (1888-1930), foi projetado como o rei do gênero no Rio de Janeiro. Suas composições de samba também tinham o mesmo ritmo maxixado. Interpretadas especialmente por Francisco Alves e Mário Reis, fizeram sucesso. Havia um desentendimento entre Sinhô e Donga proveniente da reinvindicação da autoria de "Pelo telephone" e da autenticidade do gênero em relação à música. Sinhô acusava Donga de, inclusive, compor um maxixe, e não um samba. Esse conflito acabou criando certa divisão entre os grupos de sambistas baianos e cariocas. O questionamento acerca da real autoria de determinada música acontecia porque, à época, as músicas eram compostas em sincronia com as rodas de samba, ou seja, o fazer musical acontecia durante as festas, e novas composições surgiam. Como explica Sandroni (2012, p. 6):

> A propósito dos dois estilos, a encantadora anedota contada por Sérgio Cabral, o grande especialista em escolas de samba, ao entabular esse debate, ilustra bem a questão. Que no fundo pode ser entendida como uma alegoria do conflito de gerações, aqui respectivamente encarnadas em duas figuras simbólicas, como Donga, autor registrado de "Pelo telefone", portanto já venerável à época, versus Ismael Silva, legítimo representante do samba do Estácio. Postos a dialogar, Donga acusa Ismael Silva de não compor samba, mas marcha. Ao que este retruca que Donga não compõe samba, mas maxixe.

Lopes e Simas (2015, p. 103) comentam que, em 1917, a gravadora Odeon lançou "A malandragem", de Alcebíades Barcelos (1902-1975), o Bide. A música passou a ser considerada a primeira gravação do chamado *samba novo*, com um sincopado diferenciado em relação ao maxixe de Donga e Sinhô. Bide frequentava as rodas de samba da Turma do Estácio, grupo de sambistas sempre presente nas rodas de samba do Rio de Janeiro no final da década de 1920. Assim, se a casa da Tia Ciata foi o berço do nascimento do samba, aqui temos o berço do samba urbano carioca. Além de Bide, outros artistas da Turma do Estácio foram Cartola, Carlos Cachaça, Nelson

Cavaquinho, Aniceto do Império Serrano, Manaceia, Chico Santana e Geraldo Pereira.

Nessa perspectiva, com a expansão da indústria fonográfica, cada sambista pretendia deixar sua marca pessoal em suas composições. Assim, todo o processo de reinvindicação de autoria das obras produzidas deu espaço para a profissionalização do samba, que começou a descer dos morros e se espalhar pelas cidades no Brasil. Uma figura significativa para a democratização e profissionalização do samba foi o cantor, violonista e compositor Noel Rosa (1910-1937), cujo papel foi crucial para difundir o samba urbano carioca.

4.2.3 Noel Rosa e a democratização do samba

Em janeiro de 1931, o periódico *A Modinha Brasileira*, dedicado a lançar as novidades da música, destacou os sambas "Eu vou pra Vila" e "Com que roupa?", de Noel Rosa, e "Se você jurar", de Ismael Silva. O samba de Noel conferiu uma nova roupagem ao gênero carioca. Adepto do Samba do Estácio, as letras de suas canções contavam histórias sobre o cotidiano da sociedade. Um exemplo é a música "Conversa de botequim", gravada em 1935, na qual o cantor, por meio da frase "faz um favor", ironiza um comportamento social de forjar uma suposta cordialidade para disfarçar suas exigências. Segundo Sandroni (2012), a música também relata o que se espera de um bom garçom de botequim: desde atender a todas as exigências do cliente até o ato de "pendurar na conta". Para Pinto (2012, p. 11), "a letra deste samba é uma soma de ordens de um locutor que se dirige ao garçom; começa com um trivial pedido, que poderia ser feito por qualquer tipo de freguês, passa por uma série de ordens que indicam um locutor desabusado".

> Seu garçom, faça o favor de me trazer depressa
> Uma boa média que não seja requentada
> Um pão bem quente com manteiga à beça
> Um guardanapo e um copo d'água bem gelada...
> Seu garçom me empresta algum dinheiro
> Que eu deixei o meu com o bicheiro
> Vá dizer ao seu gerente
> Que pendure esta despesa no cabide ali em frente. (Rosa, citado por Pinto, 2012, p. 10)

Chamados de *malandros*, os sambistas dessa época se reuniam não mais nas casas das tias baianas, na Pequena África, e sim nos botequins. Como recém-mencionamos, o samba descia dos morros e, com isso, as rodas de samba passaram também a acontecer nos subúrbios. A esse respeito, Sandroni (2012, p. 149) menciona que "a qualificação do malandro como um personagem distinto na cultura carioca vai passar por uma nova qualificação do próprio samba: a criação do novo estilo, identificado num primeiro momento ao bairro do Estácio de Sá".

Com o desejo de exaltar o bairro em que nasceu, Vila Isabel, Noel Rosa compôs seus sambas para a periferia, e desta para o mundo, com o intuito de valorizar o gênero como um produto brasileiro vendável e lucrativo.

> A Vila aparece como o espaço utópico de confraternização dos dois, espaço que é logo projetado para o conjunto do país: o samba é apenas um "produto" a mais, mais uma riqueza que se soma ao

leite e ao café, principais produções dos estados de Minas e São Paulo. Ele defende seu direito de participar do mercado, de entrar nas prateleiras do patrimônio nacional. Não é mais signo de exclusão, de separação, mas diferença que soma. Ao mesmo tempo, suaviza a alternativa demasiado radical entre o café, que é preto, e o leite, que é branco, propondo-se a si mesmo como um misto. (Sandroni, 2012, p. 151)

Apesar do pouco de tempo de vida, Noel Rosa escreveu em torno de 300 músicas, inicialmente influenciado pela música rural, especificamente do grupo recifense Os Turunas da Mauriceia, formado por Luperce Miranda e João Miranda no bandolim, Romualdo Miranda no violão, Manoel de Lima e João Frazão nos violões, e Augusto Calheiros nos vocais. A banda em questão levara para as cidades um estilo de música pouco conhecido:

> Entre 1928 e 1929 veio em excursão para o Rio um conjunto pernambucano, com um repertório especializado de ritmos nordestinos, os Turunas da Mauricéia, tendo como destaques o extraordinário cantor e compositor Augusto Calheiros, apelidado muito a propósito de Patativa do Norte, e o genial violinista cego Manoel de Lima, entre vários outros músicos notáveis. Eles tocavam uma grande variedade de ritmos, praticamente desconhecidos do público carioca, cocos, emboladas, trizadas, baiões, martelos.... Tinham uma série de apresentações marcadas para o Teatro Lírico, no largo da Carioca, como uma curiosidade e só. (Sevcenko, 1998, p. 592)

Em 1929, Noel Rosa entrou para o Bando de Tangarás. No mesmo ano, gravou seu primeiro disco e realizou várias apresentações em rádios, cinemas e teatros. Entre os sucessos gravados, estão:

- "Com que roupa?"
- "Fita amarela"

- "Último desejo"
- "Dama do cabaré"
- "Palpite infeliz"
- "Quem ri melhor"
- "Conversa de botequim" (Noel e Vadico)
- "Feitio de oração" (Noel e Vadico)
- "Feitiço da Vila" (Noel e Vadico)
- "Só pode ser você" (Noel e Vadico)
- "Pra que mentir" (Noel e Vadico)
- "O orvalho vem caindo" (Noel e Kid Pepe)
- "Tenho raiva de quem sabe" (Noel e Kid Pepe)
- "Pierrô apaixonado" (Noel e Heitor dos Prazeres)

> **Pausa para escuta**
>
> Aponte a câmera do celular para o QR Code ao lado e ouça o Bando de Tangarás, formado por Noel Rosa, Almirante, Braguinha, Alvinho, Henrique Britto e Aberlado, interpretando a música "Vamos fallá do Norte", em um dos raros registros de Noel Rosa em ação.

4.3 Os intelectuais na Era Vargas

O período de 1930 a 1945 foi marcado pelo surgimento de grandes artistas que, com forte propósito nacionalista, tiveram o apoio do governo da época, por meio da propagação de suas composições dentro e fora do Brasil. O samba da Turma do Estácio, criado em

1920 (que conhecemos atualmente), passou a ser considerado um produto nacional por excelência. Nessa ótica, podemos afirmar que se tratou de uma época rica para a música brasileira, na qual os novos compositores cantavam em suas letras o cotidiano do povo brasileiro

Além do samba, outros gêneros, como o sertanejo e a música nordestina, ganharam espaço na música popular (como mencionamos a respeito de Os Turunas da Mauriceia. Nomes como João Pacífico, autor de grandes sucessos, como "Cabocla Tereza", "Chico mulato" e "Pingo d'água", Ariowaldo Pires, mais conhecido como Capitão Furtado, e Raul Torres, que em 1935 partiu ao Paraguai reivindicar a introdução dos rasqueados e das guarânias na música sertaneja, contribuíram para que o cotidiano do povo interiorano e da roça também fizesse parte do repertório da música popular brasileira. Assim, na década de 1930, surgiram as primeiras duplas de música sertaneja, tais como:

- Alvarenga e Ranchinho
- Irmãos Laureano
- Mariano e Cobrinha
- Raul Torres e Serrinha
- Arlindo Santana e Joaquim Teixeira
- Jararaca e Ratinho

O crescimento musical pode ser justificado também pela evolução da tecnologia em todas as áreas do país, inclusive em relação ao desenvolvimento da indústria fonográfica. No início do século XX, o rádio foi introduzido no Brasil e rapidamente se popularizou como meio de comunicação e publicidade, possibilitando a comercialização da música, bem como a difusão e o consumo por todas as camadas sociais (Oliven, 1983). Nesse período, o rádio era a principal fonte de informação e comunicação. Em paralelo, surgiu a gravação eletromagnética em substituição à antiga gravação mecânica, além da música que se fazia presente no cinema. Portanto, com tantas opções à disposição, os artistas brasileiros tinham espaço garantidos nas gravadoras, em filmes musicais e nas emissoras de rádio.

Durante a vigência do Estado Novo, muitos artistas da música popular alcançaram notoriedade, a exemplo dos compositores Herivelto Martins, Ataulfo Alves, Lupicínio Rodrigues, Geraldo Pereira, Mário Lago, Wilson Batista, Dorival Caymmi, Ari Barroso, David Nasser e Haroldo Lobo, entre outros. Como intérpretes, destacaram-se Carmen e sua irmã Aurora Miranda, além de Araci Côrtes, Emilinha Borba, Araci de Almeida e Dircinha Batista, Mário Reis, Francisco Alves, Sílvio Caldas, Orlando Silva, Ciro Monteiro e Carlos Galhardo.

4.3.1 O canto orfeônico de Villa-Lobos na Era Vargas

O Brasil de Getúlio Vargas passava por um período em que a sociedade era moldada pelo espírito nacionalista e havia na política uma proposta ideológica rígida e autoritária. A educação era voltada para a formação de cidadãos disciplinados, despertando o amor à pátria e tendo obediência aos seus governantes.

Segundo Galinari (2007, p. 118), uma das medidas màis significativas tomadas pelo governo para estimular o espírito nacionalista nos cidadãos foi a valorização do trabalho. Nesse sentido, foram criadas ações que beneficiassem o trabalhador, concedendo-lhes direitos. Entre elas, podemos citar a criação da carteira de trabalho, o estabelecimento de uma jornada fixa, a regulamentação do trabalho da mulher, bem como a proteção à gestante, além da proibição do trabalho de menores de 14 anos, que deveriam, até essa idade, frequentar a escola.

Galinari (2007, p. 119) aponta que, com o tempo, outras medidas foram criadas, tais como: "a criação das Juntas de Conciliação e Julgamento, destinadas a arbitrar os conflitos entre empregadores e empregados; os diversos institutos de aposentadorias e pensões, no setor previdenciário 102; a criação do salário mínimo, anunciado no dia 1º de maio de 1940 e a Consolidação das Leis do Trabalho (CLT), ocorrida em 1943". Tais "benefícios" tinham, na realidade, o propósito de adestrar a mão de obra trabalhadora, na busca por maior produtividade, o que era favorável às elites brasileiras.

Ainda de acordo com o autor, a construção da imagem de Getúlio Vargas como defensor dos direitos trabalhistas demandava certa ostentação apoteótica a qual abrangia celebrações e ritos cívicos que ganhavam destaque pelos meios de comunicação, especialmente o rádio, além da utilização de grandes espaços com apresentações em escolas e estádios para grandes multidões. É nesse cenário entra em cena o trabalho do compositor Heitor Villa-Lobos no governo de Vargas.

A escola era considerada o espaço culminante para a formação dos cidadãos. Nela, a execução do Hino Nacional era obrigatória, e os alunos participavam constantemente de desfiles cívicos, demonstrações patrióticas e exibição de cantos orfeônicos. Villa-Lobos considerava o canto coletivo como uma boa alternativa para que se alcançasse, por meio da música, o objetivo desejado, ou seja, a formação de pessoas obedientes, disciplinadas e patriotas.

Antes de nos referirmos diretamente ao canto orfeônico na escola, precisamos analisar o cenário musical da época. A música popular brasileira ganhava força mediante as gravações, o cinema e, sobretudo, o rádio, abrindo espaço inclusive para a música que vinha dos morros e das periferias, as batucadas, o samba, a chamada "música de malandro".

Com a preocupação de preservar a música boa e séria que deveria ser oferecida às famílias brasileiras, surgiu a necessidade de ensinar música nas escolas por meio coro coletivo proposto por Villa-Lobos. Na percepção do compositor, o gosto musical era algo que deveria ser adestrado dentro do ambiente escolar. A esse respeito, Galinari (2007, p. 150) comenta que em conferência proferida na Argentina durante a visita de Getúlio, em 1935, Villa-Lobos, em uma de suas oratórias, referiu-se à população brasileira como suscetível ao "mau gosto" musical decorrente das músicas de massa propagadas nos veículos de comunicação:

> O declive do gosto artístico desde 1918 (armistício) a) causas: vitrola, cinema, esporte e carnaval; b) os efeitos: desorientação da opinião pública; c) os remédios: processo de educação nas escolas públicas e particulares, nos centros proletários e nos meios sociais de diferentes categorias. [...] (Villa-Lobos, 1937c, p. 397)

Essa era a proposta ideal para salvar a chamada *música autêntica nacional* e reverter o processo de deterioração causado pela indústria fonográfica, além de restaurar a popularidade dos compositores e músicos de concerto que vinham perdendo espaço. Portanto, tratava-se de um incentivo às orquestras, assim como aos conjuntos de câmara e corais.

Além do auxílio quanto ao investimento na educação musical nas escolas regulares, Villa-Lobos passou a viajar pelo país com o apoio de João Alberto de Lins e Barros, coronel e interventor nomeado para o Estado de São Paulo. Ambos passaram por aproximadamente 60 cidades junto de um grupo de músicos, violonistas, cantores e violonistas, entre os quais estava Lucília Guimarães Villa-Lobos, esposa do maestro. O objetivo de tais excursões pelo país era, justamente, divulgar a música erudita. No repertório utilizado para tal, constavam peças do próprio compositor, além de canções folclóricas, composições eruditas já consagradas, como as obras de Mozart e Beethoven, e muitas de cunho nacionalista. Era uma espécie de propaganda da música erudita e folclórica brasileira. Sobre esse trabalho, Villa-Lobos comentou (1937b, p. 11):

> Não era meu intento focalizar minha obra, nem tampouco obrigar a compreenderem minha orientação artística, mas, apenas, entusiasmar a nossa gente, mostrando-lhe o que sabemos que vive conosco, mas que nunca vemos. Fui, em companhia de diversos "virtuoses" patrícios, proclamar a força de vontade artística brasileira e arregimentar soldados e operários da arte nacional – dessa arte que paira dispersa na imensidade do nosso território para formar um bloco resistente e soltar um grito estrondoso capaz de ecoar em todos os recantos do Brasil: Independência Da Arte Brasileira.

Em composições como "Chorus n. 10" (1926) e "Floresta Amazônica" (1958), podemos observar que Villa-Lobos intensificava uma mescla de características da música popular regional, mas preservava as bases harmônicas da música clássica ocidental. É o que ouvimos nas "Bachianas", um conjunto de nove peças compostas entre 1930 e 1945, as quais foram inspiradas no compositor Johann Sebastian Bach e em seus "Concertos de Brandenburgo".

Essas obras, especialmente as "Bachianas", trouxeram grande popularidade ao compositor.

> Grosso modo, é o que acontece no Choros n.º 10, de Villa-Lobos, composição em que convivem "em harmonia" procedimentos ocidentais consagrados, cantos indígenas, batucadas, serestas e tantos outros trechos metonimicamente significantes de universos sócio-musicais diversificados, plasmados/sublimados na grande-única obra pelas mãos do músico "erudito", nascido e criado no pentagrama. (Galinari, 2007, p. 147)

4.3.2 A Superintendência de Educação Musical e Artística (Sema)

Encorajado pelo sucesso de suas viagens pelo país, Villa-Lobos solicitou o apoio do governo federal para que houvesse incentivo aos artistas brasileiros. Getúlio Vargas conferiu um destaque especial à música, reconhecendo seu potencial para alavancar o prestígio da arte brasileira dentro e fora do país, além de resgatar o amor à pátria. Nesse contexto, no dia 1º de fevereiro de 1930, a Superintendência de Educação Musical e Artística (Sema) foi lançada, e no mesmo mês, Villa-Lobos foi convidado por Anísio Teixeira, Secretário de Educação do Distrito Federal, para elaborar um plano de educação musical e canto orfeônico para o Rio de Janeiro.

Com um propósito cívico e artístico, o canto coletivo passou a ser aplicado nas escolas públicas: "a solução para o caso da formação de uma consciência musical no Brasil, e para a utilização lógica da música como um fator de civismo e disciplina coletiva [...]". (Villa-Lobos, [S.d.], p. 27).

O ensino do canto coletivo nas escolas tinha como princípio o aprendizado da leitura musical mediante o treino de solfejo, metodologia que Villa-Lobos conheceu em suas viagens à Europa, quando esteve em contato com o educador, compositor e musicólogo húngaro Zoltán Kodály (1882-1967). O método de Kodály utiliza-se da improvisação e da escrita musical alternativa, a exemplo dos gestos das mãos, chamado de *manossolfa*. Assim, era possível que os alunos cantassem as músicas folclóricas brasileiras e nossos hinos cívicos, resgatando a identidade cultural do Brasil. O maestro acreditava ser possível ensinar o canto a todas as pessoas, independentemente de terem ou não conhecimento técnico musical.

Acompanhe, a seguir, o que Galinari (2007) comenta sobre uma famosa apresentação de canto orfeônico, realizada em 7 de setembro de 1940:

> No dia 7 de setembro de 1940, o coro atingiu uma marca de 40.000 vozes, acompanhadas de 1.000 músicos de banda no estádio do Vasco da Gama. Afora o número de cantores e instrumentistas participantes, é necessário considerar os vários setores da sociedade civil que também se faziam presentes: as famílias das crianças, os operários, os militares etc. (Galinari, 2007, p. 171)

A proposta de educação musical ultrapassava as paredes da escola e ia ao encontro de toda a população brasileira, estudantes e trabalhadores. Nas grandes manifestações cívicas, como a recém-citada, um grande número de pessoas se reunia em estádios para prestar homenagens ao Brasil entoando seus cantos e se envolvendo com ritos cívicos como o hasteamento da bandeira, o discurso do Presidente da República e a queima de fogos de artifício.

Além do trabalho na área da educação musical e de seu envolvimento político, Heitor Villa-Lobos teve enorme representatividade na música com o movimento modernista, valorizando as culturas popular, regional e indígena do país. Em sua carreira, compôs numerosas obras orquestrais, de câmara, instrumentais e vocais, além de peças e estudos para violão, totalizando mais de 2 mil obras até sua morte, em 1959.

Outras figuras importantes da música ganharam destaque nas décadas de 1930 e 1940 em razão de suas atuações nas esferas política, cultural, musical e educacional. Ocupando o cargo de chefe do Departamento de Cultura de São Paulo, no final dos anos 1930, Mário de Andrade desenvolveu seu projeto intitulado Missão de Pesquisas Folclóricas. Nesse trabalho, registrou diversas manifestações da cultura popular em diferentes partes das regiões Norte e Nordeste do país. Foram gravações de danças folclóricas, cerimônias, além de imagens e músicas de seis estados brasileiros: Pernambuco, Paraíba, Ceará, Pará, Maranhão e Piauí. O principal objetivo da expedição foi documentar e preservar a cultura popular regional do país.

Seguindo a proposta de Mário de Andrade, o musicólogo Luiz Heitor Correia de Azevedo (1905-1992) pretendia dar continuidade à pesquisa da música folclórica. Com um gravador portátil, ele percorreu o Brasil com a tarefa de registrar o regionalismo e a popularidade de diversas regiões do país. Foram em torno de 300 discos gravados nos estados de Goiás, Ceará, Minas Gerais e Rio Grande do Sul, além de cumentos escritos, como transcrições de músicas, projetos, cartas e fotografias, registrados durante a chamada Coleção Luiz Heitor Corrêa de Azevedo[1].

...

1   Nos anos 1940, o musicólogo Luiz Heitor Corrêa de Azevedo, na ocasião professor catedrático do Curso de Folclore Nacional da Universidade do Brasil (atual UFRJ), iniciou um trabalho de colecionamento da música popular brasileira. Nesse sentido, realizou gravações musicais (em discos de 78rpm) em viagens de campo por quatro regiões do Brasil. Juntamente de outros documentos – cartas, relatórios, fotografias, cadernos de campo, revistas etc. –, essas gravações foram arquivadas no Centro de Pesquisas Folclóricas, criado em 1943 pelo próprio Luiz Heitor, e atualmente se encontram sob a responsabilidade do Laboratório de Etnomusicologia (Mendonça, 2007).

O então Ministro da Educação e Saúde Pública, Francisco Campos, foi responsável por criar a Cadeira de Folclore da Escola Nacional de Música, uma conquista relacionada à inserção do tema *folclore* (hoje tratado como *cultura popular*) como disciplina na universidade. Essa nova disciplina surgiu com as reformas educacionais de Getúlio Vargas, que, como citamos anteriormente, buscava a valorização da cultura originalmente brasileira.

Luiz Azevedo, que na época era bibliotecário, desenvolvia um trabalho intenso para a *Revista Brasileira de Música*, além de publicar críticas musicais para jornais. Em 1938, sua pesquisa, inicialmente voltada à música erudita, também passou a contemplar a música folclórica. Escreveu o ensaio *Dois pequenos estudos de folclore musical: algumas reflexões sobre a folcmúsica no Brasil* e desenvolveu uma tese intitulada "Escala, ritmo e melodia na música dos índios brasileiros".

Em 1939, Luiz Heitor Azevedo prestou concurso público e, tendo sido aprovado, assumiu a Cadeira de Folclore recém-instituída.

4.4 Os compositores modernistas

O modernismo influenciou diversos artistas na área da música, entre os quais estão, além do já citado Heitor Villa-Lobos, Fracisco Mignone e Camargo Guarnieri.

4.4.1 Francisco Mignone

Francisco Mignone (1897-1986) foi outro nome de grande relevância na conquista pela brasilidade na música erudita nacional. Ainda jovem, enquanto se desenvolvia musicalmente no Conservatório Dramático e Musical de São Paulo, já escrevia música popular sob o pseudônimo de Chio Bororó. Aos 23 anos, apresentou duas de suas composições, a "Suíte campestre", de 1918, e o poema sinfônico "Caramuru", de 1917. A apresentação chamou a atenção de representantes de uma entidade de apoio musical, que lhe concedeu uma bolsa de estudos em Milão, na Itália, onde ficou de 1920 a 1929.

Na Europa, Mignone se dedicou à composição de diversas óperas seguindo o estilo italiano da época, tanto na língua quanto no enredo. Sua primeira ópera, "O contratador de diamantes", de 1923, assim como "O guarani", de Carlos Gomes, escrita no século XIX, trazia a temática brasileira, mas preservava o estilo tradicionalmente italiano. Entretanto, em "O contratador de diamantes", Mignone se arriscou, inserindo elementos da música popular brasileira.

> Mas o *Contratador de Diamantes* – em meio a seus recitativos e árias italianizadas – já trazia um movimento bastante impressionante: uma *Congada* que explorava habilmente a rítmica afro-brasileira, e que lançava mão de um antigo tema de lundu. O trecho ocorre em uma cena do 2º Ato, quando vários negros dançam no átrio da Igreja de Santo Antônio, no Tejuco. Quase gratuito em meio ao enredo de *O Contratador de Diamantes*, o movimento tornou-se, no entanto, o que haveria de mais importante nesta ópera. (Barros, 2013, p. 2, grifos do original)

Segundo Barros (2013, p. 40), nesse período, o compositor se dividia entre composições puramente brasileiras, tais como "Maxixe" (1928), que também fez grande sucesso, e as óperas tradicionalmente europeias, como "La Samaritane" e "Festa dionisíaca", o "Noturno-Barcarola" ou o poema sinfônico humorístico "Momus" (1925).

Sua contribuição para o movimento modernista foi marcada pela aproximação da música popular com a erudita, mediante a criação de obras eruditas de tradição italiana, mas com elementos abrasileirados, além de canções nas quais Mignone inseriu ritmos afro-brasileiros.

> As composições de Mignone surgem, portanto, desta interessante amálgama de popular e erudito, de melodista ingênuo e sofisticado sinfonista, de Brasil e Itália (com algumas pitadas de Espanha). Daí emergem as suas maiores contribuições para a criação musical brasileira, que se referem a quatro grandes âmbitos: a música sinfônica, a música para canto, a música de câmara e a música para piano solo (sem contar ainda a pequena, mas significativa contribuição para o repertório violonístico). (Barros, 2013, p. 39)

Um trabalho de grande destaque do compositor se refere a uma série de poemas sinfônicos, intitulada *Ciclo negro*. A obra agrega um conjunto de poemas sinfônicos intitulados "Maracatu de Chico Rei", "Babaloxá", "Batucajé" e "Leilão", os quais apresentam características extraídas de ambientes afro-brasileiros, como os terreiros de umbanda e as festas da Igreja de Nossa Senhora do Rosário, em Ouro Preto (MG), além de enredos inspirados em lendas e histórias da cultura popular, trazendo grande valor às tradições do país.

Pausa para escuta

Aponte a câmera do celular para o QR Code ao lado e conheça a obra "Maracatu de Chico Rei", de Francisco Mignone, interpretada pela Orquestra Sinfônica do Estado de São Paulo.

4.4.2 Camargo Guarnieri

Nascido em 2 de fevereiro de 1907, em Tietê, no interior de São Paulo, Mozart Camargo Guarnieri era filho de Miguel Guarnieri, um imigrante italiano apaixonado por óperas – tanto que nomeou seus filhos homenageando célebres compositores da música erudita: Mozart, Belline, Rossini e Verdi. Porém, apenas Mozart seguiu a carreira de músico. Aos 10 anos de idade, iniciou seus estudos de música com o professor Virgínio Dias, a quem dedicou, aos 13 anos, sua primeira composição: a valsa "Sonho de artista".

A família de Camargo Guarnieri, empolgada com o talento do ainda menino, mudou-se para São Paulo com o intuito de aproveitar maiores oportunidades de estudo. À época, o garoto trabalhava na barbearia do pai e tocava piano em lojas especializadas de música, casas noturnas e outros ambientes públicos.

Um grande marco em sua carreira musical ocorreu em 1928, quando Guarnieri conheceu o literato, folclorista e musicólogo Mário de Andrade, no mesmo ano em que este publicou a obra *Ensaio sobre a música brasileira*. Esse encontro foi crucial para o movimento modernista brasileiro, pois Mário viu que o jovem Guarnieri, ainda com 21 anos, ele teria o potencial necessário para desenvolver a idealizada música erudita nacional. Contribuiu para isso o entusiasmo do autor modernista ao ouvir duas de suas composições: "Dança brasileira" e "Canção sertaneja", esta dedicada aos seus pais. A obra "Dança brasileira" faz parte de um conjunto de três danças, junto de "Dança selvagem" e "Dança negra". No entanto, foi "Dança brasileira" que despertou em Mário de Andrade o interesse em se aliar ao compositor. A dança brasileira tem seu ritmo em "Tempo di Samba", que foi composta, originalmente para piano e, posteriormente, transcrita para orquestra.

Além de simpatizarem com o modernismo, as obras de Camargo Guarnieri eram influenciadas por Mário de Andrade em suas estruturas estético-musicais, graças à convergência de pensamento de ambos em relação à inserção de elementos da história brasileira, advindos da junção dos povos africanos, europeus e indígenas quanto aos aspectos culturais, étnicos, religiosos, bem como de linguagem e de tecnologia.

A esse respeito, em entrevista concedida em 1981, Guarnieri (1981, p. 9) comentou:

> Olha, vou dizer com toda a franqueza: quando conheci o Mário, eu já estava escrevendo música nacional, a Dança Brasileira, a Canção Sertaneja, depois escrevi a Sonatina de 1928, que é dedicada a ele [...]. Então ele mandou tocar e eu toquei, à minha moda. E o Mário disse: "É, encontrei aquilo que estava esperando". (Guarnieri, 1981, p. 9)

É interessante observar que mesmo antes do encontro com Mário de Andrade, Camargo Guarnieri já desenvolvia um estilo composicional com fortes características de brasilidade, a julgar pelo título de suas obras escritas entre 1918 e 1928: "Toada da minha terra" (1923), "Samba" (1924), "A viola lá de casa" (1925) e "Canção das Yaras" (1927).

Ele seguiu se aprofundando em seus estudos musicais com Ernani Braga, Antonio de Sá Pereira e o regente Lamberdo Baldi, e posteriormente foi à Paris ter aulas com Charles Koechlin. Além disso, durante sua carreira, compôs cerca de 70 obras, entre as quais constam uma ópera ("Pedro Malazarte"), seis sinfonias, assim como concertos, músicas de câmara, obras corais e peças para piano, com destaque para a coleção *50 Ponteios* para canto e piano.

Suas composições lhe renderam reconhecimento internacional, sobretudo pelo estilo brasileiro próprio.

Ainda, o trabalho de Guarnieri também atingiu a área da educação musical, em parceria com o alemão Hans-Joachim Koellreutter, com o qual lecionou aulas de composição para jovens músicos, que, futuramente, tornar-se-iam grandes nomes da música brasileiro, a exemplo de Osvaldo Lacerda, Cláudio Santoro e Guerra Peixe.

Em 1950, Guarnieri publicou sua "Carta aberta aos músicos e críticos do Brasil" no jornal *O Estado de S. Paulo*, a qual foi reproduzida em diversos outros veículos impressos da época. O texto causou grande polêmica no meio musical, uma vez que fazia críticas ao dodecafonismo[2], "corrente formalista que leva à degenerescência do caráter nacional de nossa música" (Guarnieri, citado por Verhaalen, 2001, p. 45). Cinco anos após a morte de Mário de Andrade, Guarnieri assumiu a responsabilidade de manter a música com a estética nacionalista e de preservar os estudos sobre os aspectos relacionados à cultura popular do país. Sua preocupação com a orientação aos jovens compositores, pela influência internacionalista advinda do dodecafonismo, terminou com uma forte oposição a Koellreutter.

Camargo Guarnieri e sua música fortemente abrasileirada contribuíram significativamente com o modernismo, fortalecendo o pensamento nacionalista entre os jovens compositores da época. Suas composições ritmadas foram executadas em todo o mundo. Outra marcante característica do compositor foi sua generosidade, pois ensinava música gratuitamente a quem queria aprender mas não tinha condições financeiras para pagar.

...

2   Técnica de composição criada por Schoenberg em 1930, que se utiliza de 12 sons, divergindo do sistema tonal e da harmonia tradicional.

Em seu último trabalho, assumiu a regência da Orquestra Sinfônica da Universidade de São Paulo, em 1975, cargo que ocupou até o fim de sua vida, quando faleceu em 10 de janeiro de 1993.

> **Pausa para escuta**
>
> Aponte a câmera do celular para o QR Code ao lado e assista a um documentário produzido pela TV Cultura, que fala um pouco sobre a vida e obra de Camargo Guarnieri.

4.5 O Grupo Música Viva entre a vanguarda e o nacionalismo na década de 1940

Este tópico pretende apresentar brevemente a trajetória musical de alguns dos músicos brasileiros que iniciaram suas carreiras sob influência de Hans-Joachim Koellreutter, a partir do Grupo Música Viva.

4.5.1 Sob a batuta do maestro Koellrutter

Neste subcapítulo, conheceremos a história do Grupo Música Viva, capitaneado pelo músico alemão Hans-Joachim Koellreutter (1915-2005). O conjunto foi o responsável por divulgar a música contemporânea no Brasil até 1952, por meio de concertos, publicações, debates e conferências.

Exilado devido ao nazismo, Koellreutter chegou ao Brasil em 1937. Segundo Ramos (2011, p. 11), "a expressão Música Viva foi cunhada por Hermann Scherchen, renomado regente alemão, que tinha como uma de suas preocupações a divulgação e a compreensão da música contemporânea".

Na Europa, Koellreutter, que era aluno de Scherchen, participava ativamente do movimento vanguardista, cuja proposta pretendia renovar a estética cultural, dando maior liberdade de criação ao compositor e quebrando com os modelos tradicionais. No entanto, tal empreitada não atingiu somente a música, mas também as artes em geral, além de outras áreas, como a literatura, a arquitetura e a moda, valorizando os inventos industriais, a vida urbana e a liberdade na escolha de cores, formas e sons.

O grande objetivo do Grupo Música Viva era pesquisar novas técnicas e linguagens de composição. A esse respeito, Koellreutter pregava o desenvolvimento da personalidade mediante a liberdade de expressão. O maestro alemão acreditava na importância de se conhecer todos os procedimentos de composição, como o dodecafonismo, o serialismo e o atonalismo.

No início de suas atividades no Brasil, ele reuniu "músicos já conhecidos do cenário musical brasileiro, como o pianista Egídio de Castro e Silva, os professores e compositores Luiz Heitor Correa de Azevedo, Brasílio Itiberê, Luiz Cosme e Otávio Bevilácqua". (Ramos, 2011, p. 11). Entretanto, nesse período, a proposta de Koellreutter, que reunia influências de compositores europeus como Paul Hindemith, Alban Berg, Anton Webern e Arnold Schoenberg, entrou em conflito direto com a música fortemente nacionalista. Foi então que Camargo Guarnieri, em defesa do nacionalismo, redigiu sua já mencionada carta, na qual teceu duras críticas a Koellreutter e ao dodecafonismo.

Nesse movimento, a música viva era uma espécie de música em constante movimento, transformação. Desde Bach, havia uma necessidade, por parte dos compositores, de ampliar as possibilidades de explorar novos sons e harmonias, e aos poucos a formalidade do tonalismo foi se quebrando. Com o dodecafonismo de Arnold Schoenberg (1874-1951), é possível perceber a predominância dos cromatismos, ou seja, a exploração das 12 notas musicais.

Koellreutter deixou um grande legado para a mentalidade dos jovens músicos da época, considerando que, até então, estudava-se música para ser instrumentista. Entretanto, o maestro promoveu um novo pensamento, de que o músico completo deveria ser instrumentista, compositor, pesquisador e professor. Nesse sentido, sua influência sobre os jovens alunos em relação a se abrirem para uma nova forma de ouvir e criar música transformou a maneira com que a música brasileira vinha sendo produzida.

Na busca por diferentes técnicas de composição, Koellreutter explorou elementos da música oriental, especialmente do Japão e da Índia, país em que o compositor viveu por algum tempo e onde absorveu muito da cultura e da música indiana.

Para Kater, musicólogo e biografo de Koellreutter, o maestro alemão é considerado o professor de Música do Brasil (Kater, 2024). A página oficial da Fundação Koellreutter cita alguns de seus alunos que obtiveram grande destaque, tais como:

> Guerra-Peixe, Cláudio Santoro, Edino Krieger, Eunice Katunda (que constituíram o "Grupo de Compositores Música Viva"), Roberto Schnorrenberg, Damiano Cozzella, Benito Juarez, Esther Scliar,

Tom Jobim, Tom Zé, Isaac Karabtchevsky, Gaia, Moacir Santos, Severino Araújo, assim como de geração mais recente, Tim Rescala, Tato Taborda, Sérgio Villafranca, Teca Alencar, Chico Mello, Regina Porto, Rogério Vasconcelos, Rubner de Abreu, Nelson Salomé, Emanuel Pimenta, Antônio Carlos Cunha, entre inúmeros outros. (Kater, 2024)

Como educador musical, Koellreutter incentivava a individualidade de cada aluno. Sua intenção era que cada novo compositor tivesse a possibilidade de apresentar uma criação própria que trouxesse em si ideias e caraterísticas particulares. Desse modo, podemos perceber que o fator social e o protagonismo do aluno eram de extrema importância para o maestro alemão.

Além de formar novos músicos, Koellreutter e o Grupo Música Viva passaram a divulgar um boletim mensal denominado *Boletim Música Viva*, cujo primeiro exemplar foi publicado em maio de 1940. O boletim apresentava os integrantes da época: Alfredo Lage, presidente; Hans-Joachim Koellreutter, vice-presidente e tesoureiro; Brasílio Itiberê, Egídio de Castro e Silva, Luiz Heitor Corrêa de Azevedo, Otavio Bevilaqua e Werner Singer, integrantes do conselho técnico, além de fazer uma contextualização da música pelo ponto de vista desse movimento.

> O texto considera a "obra musical como a mais elevada organização do pensamento e sentimento humanos". Baseado nesta concepção de música, o texto indica a intenção de divulgar a música contemporânea, principalmente brasileira, e a música ainda pouco conhecida do passado. Ou seja, valorizar a música nova, ainda não ouvida, tenha sido composta recentemente ou não. (Egg, 2005, p. 61)

Segundo Egg (2005), o primeiro boletim trazia obras de compositores brasileiros como Ernani Braga, Francisco Braga, Lorenzo

Fernandez, Radamés Gnattali, Camargo Guarnieri, Brasílio Itiberê, Francisco Mignone, José Vieira Brandão e Heitor Villa-Lobos. O intuito da publicação era divulgar a música mais recente, pouco conhecida, que contrastava com o clássico e o romântico. Entretanto, é importante destacar que a maioria dos compositores que formavam o grupo era fortemente engajada com a proposta da música puramente nacionalista; em contrapartida, Koellreutter pregava uma música universal, visto ser fugitivo de um regime nacionalista extremo. Nessa ótica, ele utilizava o grupo e o boletim para propagar suas ideias.

Gradativamente, o Grupo Música Viva foi abrindo espaço para novos membros que seguiam o mesmo ideal de música de Koellreutter, entre os quais estavam Guerra Peixe e Cláudio Santoro, discípulos do maestro.

Pausa para escuta

Aponte a câmera do celular para o QR Code ao lado e conheça um pouco mais sobre a história do maestro Koellreuter assistindo a uma palestra realizada em 1981, no Festival de Música de Campos do Jordão.

4.5.2 Guerra Peixe

Nascido em Petrópolis, no Rio de Janeiro, César Guerra Peixe (1914-1993) se formou em Composição e Regência pelo Conservatório Brasileiro de Música, onde teve sua formação básica de composição tendo aulas com o professor Newton Pádua, afeito ao viés nacionalista. Após sua formação acadêmica, teve aulas com o professor Koellreutter, aderindo aos seus ideais de música de vanguarda e, com efeito, passou a integrar o Grupo Música Viva. Guerra Peixe recebeu aulas que tratavam da nova estética musical e da história da música, assim como das técnicas de composição do dodecafonismo.

Ele e os demais alunos de Koellreutter viram no Grupo Música Viva uma oportunidade de ampliar e divulgar seu trabalho. Além disso, o movimento também abriu espaço para discussões acerca da nova estética da música nacional.

A partir de 1949, Guerra Peixe começou a se interessar pela música regional, e em uma viagem ao Recife, decidiu romper com o dodecafonismo para se dedicar à pesquisa sobre a música popular nacional, particularmente da Região Nordeste. Nesse período, ou seja, entre 1949 e 1954, ele diminuiu sua produção de música sinfônica.

Lima, (2014, p. 3) comenta que ainda nessa fase, ele se dedicou à música no cinema, tendo produzido as trilhas musicais de quatro filmes: *Terra é sempre terra*, dirigido por Tom Payne (Vera Cruz, 1951); *O canto do mar*, de Alberto Cavalcanti (Kino Filmes, 1953); *O homem dos papagaios*, de Armando Couto e *O craque*, de José Carlos Burle (Multifilmes, 1953).

> *O canto do mar* (1953) foi inspirado num dos primeiros filmes de Alberto Cavalcanti, *En rade* (À deriva, 1927), rodado em Marseille, na França. No filme brasileiro, escrito, produzido e dirigido por ele, a história se passa em Recife e aborda a migração para o sudeste causada pela seca, como também a miséria, sofrimento e decadência dos membros da família protagonista, um retrato cinematográfico inédito da saga do povo nordestino. Entre as

premiações, estão o primeiro prêmio no Festival de Karlov-Vary, na antiga Tchecoslováquia, em 1955, e o de Melhor Produtor, para Alberto Cavalcanti, e Melhor Música, para Guerra-Peixe, no Prêmio Governador do Estado/SP, em 1953. (Lima, 2014, p. 3)

> **Pausa para escuta**
>
> Aponte a câmera do celular para o QR Code ao lado e assista à abertura do filme *O canto do mar* (1953), de Alberto Cavalcanti, produzido pela Kino Filmes, com trilha sonora composta por Guerra Peixe. A obra apresenta o sofrimento do povo nordestino por conta da fome e da miséria.

4.5.3 Cláudio Santoro

Nascido em Manaus, no Amazonas, Cláudio Franco de Sá Santoro (1919-1989) foi compositor, regente, violinista, professor de música e maestro. Embora não tenha se afiliado às tendências da época, sua vasta e variada obra foi influenciada pelos embates políticos e estéticos que marcaram a música do século XX.

Em 1940, Cláudio Santoro começou a ter aulas com Koellreutter, ao mesmo tempo em que integrou a Orquestra Sinfônica Brasileira como primeiro violinista. Com o professor alemão, desenvolveu técnicas do dodecafonismo e passou a fazer parte do Grupo Música Viva junto de Guerra Peixe, Edino Krieger e Eunice Katunda.

Sua música seguiu a tendência vanguardista até o ano de 1942. Nesse período, os adeptos da música de vanguarda contrapunham-se aos seguidores de Mário de Andrade e a seus ideais nacionalistas. Entre suas obras mais expressivas pertencentes a esse estilo, estão "Sonata para violino e piano n. 1", de 1940, e a "Sinfonia n. 1", de 1941.

A partir de 1943, Santoro passou a compreender a música como algo que deveria ser simples e acessível a todos. Sob essa perspectiva, começou a produzir a música programática, a qual, diferentemente da música pura, apresentava elementos extramusicais, como obras de arte, imagens, paisagens e menções a eventos históricos, a fim de enriquecer a contextualização da própria música, mas sem abandonar a técnica dodecafônica. A primeira obra criada com essa nova abordagem foi a sinfonia "Impressões de uma usina de aço", escrita em 1943, que fez muito sucesso junto ao público.

Em 1947, o compositor recebeu uma bolsa para estudar composição e regência no Conservatório de Paris. Enquanto esteve na Europa, participou do Congresso dos Compositores Progressistas, no qual os participantes teceram muitas críticas à música de vanguarda e ao dodecafonismo. O evento causou profundos impactos em Cláudio Santoro, levando-o a novamente produzir composições de cunho nacionalista. Sua nova forma de compor ainda manifestava traços do dodecafonismo, mas com algumas características musicais abrasileiradas. Porém, ainda assim ele foi criticado pelo artificialismo de sua brasilidade, por não apresentar elementos da cultura popular nacional em suas composições durante o período dodecafônico.

Em 1949, Cláudio Santoro retornou ao Brasil e logo se aventurou em composições para rádio e cinema, tendo participado de filmes como *Agulha no palheiro* (1953), de Alex Viany (1918-1992), e *O saci* (1953), de Rodolpho Nanni (1924). Por essas contribuições, recebeu diversas premiações.

Na década de 1960, Santoro foi aos poucos retornando ao serialismo e à música de vanguarda. Segundo a Enciclopédia Itaú (Cláudio..., 2019)

> Ao longo da carreira, recebe vários prêmios e condecorações nacionais e internacionais, entre eles o Lili Boulanger e o Berkshire Music Center, ambos em Boston, EUA. O Teatro Nacional de Brasília é batizado com seu nome, assim como o auditório da cidade de Campos do Jordão, São Paulo, em que ocorre anualmente o Festival de Inverno.

Pausa para escuta

Aponte a câmera do celular para o QR Code ao lado e conheça um pouco mais sobre a forte ligação de Cláudio Santoro com o Festival de Inverno de Campos do Jordão.

Cláudio Santoro contribuiu significativamente para a música brasileira, tanto na vertente apoiadora da música de vanguarda, à qual se dedicou com afinco no início e no final de sua carreira como compositor, quanto no período entre 1940 e 1950, em que sua atuação foi potencializada pelo nacionalismo musical brasileiro.

4.5.4 Eunice Katunda

A compositora Eunice Katunda (sobrenome também grafado como Catunda, em razão do período em foi casada com o matemática Omar Catunda) nasceu em 1915, no Rio de Janeiro, e faleceu em 1990.

Iniciou seus estudos musicais aos 5 anos de idade com o professor de piano Camargo Guarnieri, e a influência da música nacionalista contribuiu em grande medida para sua formação.

Katunda teve uma intensa participação no cenário musical brasileiro entre as década de 1930 e 1950, época em que produziu programas de rádio, além de ser compositora, pianista, regente e arranjadora. No período em que mais atuou como instrumentista, intensificou a divulgação da música brasileira, divulgando obras de Villa-Lobos e Guarnieri, além de suas próprias composições tonais, atonais livres e dodecafônicas, criadas entre os anos de 1940 e 1960.

Em 1947, conheceu o maestro Hans-Joachim Koellreutter e passou a ser pianista oficial do Grupo Música Viva, que praticamente todas as semanas se apresentava no programa Música Viva, veiculado na rádio PRA2, do Ministério da Educação, e dirigido pelo próprio Koellreutter. Na programação, foi intérprete de diversos compositores vanguardistas, além de ampliar significativamente sua produção composicional.

Entre suas obras de maior destaque, estão: "Negrinho do pastoreio" (1946), pela qual recebeu o Prêmio Música Viva; "Cantos à morte" (1946); "Sonatina" (1946); "Salmo 82" (1947); "Quatro epígrafes" (1948); "Lirici greci" (1949); e "Quinteto Schoenberg" (1949).

O programa Música Viva foi um grande incentivador para o despertar de jovens talentos na área da música, especialmente com o objetivo de promover a música nacional de vanguarda. Além disso, Katunda também atuou nos cenários musicais europeu e norte-americano e se apresentou em programas de rádios, como a Rádio Difusão, de Milão, e em teatros, a exemplo do Teatro Piccolo, também em Milão, e do Carnegie Recital Hall, nos Estados Unidos. A citação a seguir se refere a essa última participação:

Se todos os artistas que estréiam em Nova Iorque esperassem até atingir o estágio de maturidade e de domínio técnico demonstrados por Eunice Katunda em sua estréia ontem no Carnegie Hall, a vida musical local seria muito mais compensadora. Por outro lado, é de duvidar-se que muitos músicos jamais consigam chegar ao nível atingido por Miss Katunda. [...] Miss Katunda é também uma compositora e bem musical, como o demonstrou em sua Sonatina, uma obra irônica, lírica, num estilo quase hindemitiano mas plena de lampejos individuais (Strongin, citado por Kater, 2001, p. 36)

No mesmo período, a compositora continuou seus estudos de harmonia e composição com Koellreutter e de orquestração com Guerra Peixe.

Entre as décadas de 1940 e 1960, o cenário musical apresentava certa dicotomia: de um lado estavam os nacionalistas, como Camargo Guarnieri, defendiam a estética musical nacionalista, preocupados com a possibilidade de que as influências do novo estilo composicional trazido da Europa por Koellreutter teriam potencial suficiente para desestruturar a música brasileira; e do outro, os músicos de vanguarda, que tinham Koellreutter como "mentor" (assim como Mário de Andrade era para os nacionalistas). No pensamento vanguardista, faltava criatividade por parte dos compositores nacionalistas e havia exagero no emprego de elementos da cultura popular em suas composições, o que atrapalhava o desenvolvimento da liberdade e criatividade do artista.

Pausa para escuta

Aponte a câmera do celular para o QR Code ao lado e saiba mais sobre o trabalho de Eunice Katunda, enquanto aprecia sua "Sonata de louvação".

Síntese

Neste capítulo, tratamos da busca pelo nacionalismo na música brasileira. Desse modo, evidenciamos que nossa música, cujas características vinham da tradicional música erudita europeia, aos poucos foi se modificando e recebendo traços da história nacional, a qual foi forjada pelas influências não somente europeias, mas também indígenas e africanas.

Assim, primeiramente, abordamos o surgimento do modernismo no Brasil. A partir de 1922, ano em que ocorreu a famosa Semana de Arte Moderna, diversos artistas passaram a se interessar pelo estudo da cultura popular e da música regional do país. Nesse sentido, Mário de Andrade foi um dos grandes protagonistas desse movimento. Sua crítica musical e suas pesquisas no campo da musicologia, agregadas ao seu conhecimento musical, contribuíram para despertar o espírito nacionalista nos jovens compositores. A proposta do artista não era romper com a música erudita tradicional europeia, mas sim que esta fosse incorporada a elementos folclóricos e regionais do Brasil.

Em seguida, traçamos uma breve história do samba, desde suas origens nos morros cariocas até sua passagem pelo subúrbio. Também examinamos as escolas de samba e sua expansão para as mídias da época, o que ocorreu graças ao compositor Noel Rosa.

Posteriormente, analisamos o quanto a política da era de Getúlio Vargas influenciava o que se produzia e se ouvia no Brasil. Na época, houve o despontar de grandes artistas da música popular brasileira. Entretanto, o presidente, tendo Villa-Lobos como peça chave, utilizava-se da educação musical como ferramenta de doutrinação com o objetivo de formar jovens disciplinados, obedientes ao governo e amantes da pátria. Sob essa perspectiva, tivemos a oportunidade de conhecer o Canto Orfeônico de Villa-Lobos e a valorização do canto coletivo.

Na sequência, estudamos alguns nomes de destaque na música modernista no Brasil e compreendemos que eles auxiliaram na formação de outros compositores e na firmação da música erudita brasileira. São eles: Heitor Villa-Lobos, Francisco Mignone e Camargo Guarnieri. Este, inclusive, assumiu a responsabilidade de preservar o nacionalismo brasileiro após a morte de Mário de Andrade, de quem era discípulo. Mas tal decisão gerou desentendimentos entre ele e o compositor Hans-Joachim Koellreutter, que criticou o dodecafonismo em carta aberta publicada na imprensa.

Por fim, conhecemos os frutos e as consequências do movimento modernista mediante o trabalho do Grupo Música Viva, que era formado por Hans-Joachim Koellreutter, Luiz Heitor, Cláudio Santoro, Guerra Peixe, Eunice Catunda e Edino Krieger, entre outros. O conjunto pretendia romper com os padrões da arte instituída, confrontando-a com a música tradicional e instaurando um pensamento livre de composição, ou seja, a música de vanguarda.

Atividades de autoavaliação

1. Um grupo de artistas se reuniu em busca de promover uma transformação no meio artístico, literário e musical, prezando pela valorização da música nacionalista mediante a inserção de elementos de nossa própria cultura, instaurando o movimento modernista no Brasil. O evento que marcou o início desse movimento foi:
    a) Movimento Música Viva.
    b) Semana de Arte Moderna.
    c) Semana da Vanguarda Brasileira.

d) Dia da Independência do Brasil.

e) Ensaio Sobre a Música Brasileira.

2. O Grupo Música Viva foi responsável por despertar em muitos jovens o talento musical. Entre esses jovens talentos, este capítulo cita uma mulher com intensa atividade musical dentro e fora do Brasil, além de ter sido integrante do Grupo Música Viva. A que musicista o enunciado se refere?

    a) Araci de Almeida.

    b) Dalva de Oliveira.

    c) Eunice Katunda.

    d) Nara Leão.

    e) Emilinha Borba.

3. Segundo Barros (2013), o compositor Francisco Mignone se dividia entre composições puramente brasileiras, como o maxixe, e óperas tradicionalmente europeias. Como se chama a primeira ópera desse compositor?

    a) "O guarani".

    b) "La traviata".

    c) "Il pagliaccio".

    d) "A flauta mágica".

    e) "O contratador de diamantes".

4. Hans-Joachim Koellreutter, Luiz Heitor, Claudio Santoro, Guerra Peixe, Eunice Catunda, Edino Krieger, entre outros, faziam parte de qual movimento?

    a) Grupo Música Viva.

    b) Movimento modernista.

c) Tropicalismo.

d) Era de Getúlio Vargas.

e) Movimento europeu.

5. Camargo Guarnieri, com seu estilo de compor música clássica abrasileirada, contribuiu significativamente com o movimento modernista porque:
    a) expandiu a divulgação do gênero samba nas rádios da época.
    b) desenvolveu um novo método para a educação musical.
    c) fomentou o pensamento nacionalista entre os jovens compositores da época.
    d) sua parceria com Mário de Andrade fortaleceu a música clássica europeia.
    e) sua música, com fortes traços da música asiática, proporcionou novos ritmos ao Brasil.

Atividades de aprendizagem

Questões para reflexão

1. Noel Rosa foi uma figura muito significativa para a difusão do samba. Esse gênero, originalmente criado nos morros e nas periferias, ganhou espaço nas residências cariocas através do rádio. Como se construiu essa trajetória do samba e de que modo Noel Rosa conseguiu expandir a popularidade do gênero?.

2. O modernismo no Brasil foi capaz de influenciar diversos músicos. Quais foram as principais características desse movimento e por que, mesmo resgatando o nacionalismo em suas composições, Villa-Lobos foi criticado pelo músico e escritor modernista Mário de Andrade?

Atividade aplicada: prática

1. Em suas composições, Villa-Lobos inseriu diversos elementos regionais, folclóricos e indígenas, misturando estruturas harmônicas de tradição europeia. Sua principal fonte de inspiração era o compositor barroco Johann Sebastian Bach. Considerando o exposto, reserve um momento para a apreciação do "Choros n. 3 – Pica-pau", de Heitor Villa-Lobos. Enquanto ouve a música, procure identificar as expressões regionais brasileiras utilizadas pelo compositor: sons, vozes, palavras, instrumental e ritmo. Tome nota dos elementos que você for capaz de perceber.

Capítulo 5

A MÚSICA POPULAR BRASILEIRA NAS DÉCADAS DE 1950 E 1960

Florinda Cerdeira Pimentel
Alysson Siqueira

Neste capítulo, o período em questão representa uma época de intensas mudanças políticas, sociais e econômicas no Brasil e no mundo. Basta dizer que a década de 1950, a primeira após a Segunda Guerra Mundial, foi marcada pela polarização política e pela confirmação dos Estados Unidos como superpotência mundial – uma posição que não era só econômica, mas também cultural.

Nesse novo cenário, buscaremos compreender a música brasileira em torno das ideias de autenticidade, originalidade e pureza desenvolvidas durante os anos 1950, destacando o samba-canção, seus espaços de circulação e seus principais artistas. A respeito do final da mesma década, trataremos do movimento da bossa nova, seus protagonistas e suas propostas estéticas até sua cisão, que resultou em dois grupos: um mais voltado a questões estritamente estéticas, e outro engajado em causas sociais e políticas. Essa politização do meio musical, a propósito, vinculada a ideias de esquerda e à atuação das entidades estudantis universitárias, atingiu seu auge na oposição ao regime militar, a partir de 1964, e foi nacionalmente veiculada pelos festivais de música popular brasileira da segunda metade da década de 1960.

A música desse período consistiu na trilha sonora de momentos de tensão que tornarão a leitura deste capítulo ainda mais interessante e imprescindível para conhecermos um pouco mais de nossa história.

5.1 Anos 1950: folclorização

Desde o início dos anos 1920, havia uma corrente de músicos e pesquisadores nacionalistas, como Mário de Andrade, que consideravam a música popular brasileira a mais completa, e, de acordo com as próprias palavras do escritor, "a mais forte criação de nossa raça até agora" (Andrade, 1972, p. 24). Por isso, era preciso promover uma aproximação com essa cultura popular, a fim de mantê-la como sendo o núcleo do que viria a ser a música popular brasileira. Nas palavras de Napolitano e Wasserman (2000, p. 169): "Esse procedimento indicava a necessidade de partir do primitivo (folclore), seguir uma linha evolutiva, acompanhando as vicissitudes do elemento 'civilizado' (as técnicas adquiridas), mantendo, porém, um núcleo central que demarcava uma 'alma nacional'".

Nos anos 1950, os compositores brasileiros intensificaram suas pesquisas em torno dos elementos e das tradições da cultura popular brasileira, além de ampliarem significativamente os espaços para divulgação e comercialização da música, o que contribuiu para o crescimento da música popular no cenário musical nacional. Passando de uma fase experimental dedicada à música dodecafônica, no final da década de 1940, músicos pertencentes ao Grupo Música Viva, como Cláudio Santoro e Guerra Peixe, começaram a trabalhar suas composições também em torno do folclorismo.

Tal divisão entre os membros do grupo, é justificada pelos conflitantes pontos de vista em relação à produção musical da época. Alguns historiadores consideram os anos 1950 como o "período das trevas" para o cenário musical, como podemos observar na citação a seguir:

> Recusada em nome do passado e do futuro, a cena musical da década de 1950 foi relegada a uma espécie de entrelugar na história popular brasileira. Perdida no vão da memória, espécie de limbo histórico-cultural entre os gloriosos anos 1930 e a mítica década de 1960, os anos de 1950 passaram a ser sinônimo de música de

baixa qualidade, representada por bolerões exagerados, sambas pré-fabricados e trilhas sonoras de quermesse. Mas afinal, será que a década de 1950 foi realmente uma "idade das trevas" musicais? (Napolitano, 2010a, p. 64)

Essa música de fácil aceitação e o estrangeirismo musical foram criticados por historiadores mais rígidos, que alegaram pobreza nas composições. Com isso, podemos afirmar que, no período em questão, a música brasileira, diferentemente das décadas de 1930 e 1940, não sofreu grandes avanços.

Sobre o afastamento de uma produção musical de tradição popular, o jornalista, pesquisador e historiador José Ramos Tinhorão (1972, p. 222) comenta:

> A década de 1950, porém, marcava o advento de uma recente separação social no Rio de Janeiro – pobres nos morros e na Zona Norte e ricos e remediados na Zona Sul – que não favorecia de modo algum este contato com as fontes do ritmo popular. Pelo contrário, propiciava o surgimento de uma camada de jovens completamente desligados da tradição musical popular [...]. Esse divórcio iniciado com a fase do samba tipo bebop e abolerado de meados da década de 1940 atingiria o auge em 1958, quando um grupo de moços [...] rompeu definitivamente com a herança do samba popular.

O historiador Alcir Lenharo (1995, p. 200) apresenta a década de 1950 como um período de diversidade no âmbito musical, porém, ainda tendo o samba como gênero principal:

> O começo dos anos 50 era um período de especial criatividade musical no calendário momesco. Haroldo Lobo, Braguinha, Nássara, Wilson Batista, Klécius Caldas e Armando Cavalcanti, Zé da Zilda, entre outros, sempre estavam na ponta. Predominavam as marchinhas, mas o frevo aparecia bastante, através de Severino Araújo e

de outros artistas nordestinos. E havia lugar para manifestações musicais como o 'bigorrilho', cultivado por Jorge Veiga, para não falar da rica variedade de sambas, samba de morro, samba duro, samba de roda, e os belíssimos 'sambas de última hora', que vinham na boca do povo.

Diante do exposto, resta-nos a pergunta: Os anos 1950 foram os "anos das trevas" ou os "anos dourados"? De fato, a pesquisa folclórica, hoje conhecida como *música de tradição popular*, iniciada na década de 1930 com Mário de Andrade, estendeu-se ainda por muito tempo, e, particularmente, a música de concerto traz as características advindas desse período.

O nacionalismo musical foi incorporado nas obras de compositores como Heitor Villa-Lobos, Francisco Mignone e Camargo Guarnieri, e já nos anos 1940 surgiu uma divisão de opiniões dentro do cenário musical, especialmente após a chegada de Hans-Joachim Koellreutter ao Brasil, além da música dodecafônica. Para os pesquisadores que dedicavam seu trabalho à promoção da cultura popular brasileira, era inadmissível que elementos carregados de estrangeirismos fizessem parte do repertório nacional. Entretanto, mesmo após o fim do Grupo Música Viva, o país não deixou de receber influências da música internacional, o que levou à continuidade dessa divisão.

5.1.1 A Revista da Música Popular

O surgimento de novos gêneros musicais no Brasil, especialmente com "temperos" importados de outras raízes, provocou certo desconforto entre os musicistas e pesquisadores mais conservadores. Havia receio de que a autêntica música popular brasileira se perdesse. O papel da imprensa nessa época era muito importante para divulgar e formar opinião acerca do que acontecia na sociedade, e com a música não foi diferente. O rádio era o principal veículo de comunicação, e a imprensa escrita era a maneira mais acessível de se promover aquilo que seria apresentado no rádio.

Em 1954, sob o comando de Lúcio Rangel e Pérsio de Moraes, surge a Revista de Música Popular. De acordo com Egg (2014): "Nas capas da Revista da Música Popular, que circulou entre 1954 e 1956, num total de 14 números, estabeleceu-se quase que um consenso em torno de um panteão do que seria visto como a tradição da Música Popular Brasileira". As capas da revista traziam artistas considerados como os mantenedores do autêntico samba urbano nacional, os antigos sambistas, os autênticos chorões. Nomes como Pixinguinha, Aracy de Almeida, Carmem Miranda, Dorival Caymmi, Elizete Cardoso, Inezita Barroso, Silvio Caldas, Jacob do Bandolim e Orlando Silva estampavam as capas da revista.

O teor crítico da revista, voltada principalmente para a elite carioca, tratava a música massiva que era apresentada no rádio e em palcos onde aconteciam os *shows* de calouros – rodeados pela torcida acalorada dos espectadores, chamados, pejorativamente, de "macacas de auditório" – como a decadência da música popular brasileira, considerando que gêneros como as marchinhas, boleros e rumbas, descaracterizavam a música puramente brasileira. Os compositores e intérpretes destacados nas capas traziam em sua música a expectativa de preservar os valores estéticos da música popular dos anos 1930.

Segundo Napolitano (2010a, p. 60), "a RMP lançou as bases de um pensamento histórico-musical que negava a sua própria contemporaneidade, contribuindo para a desqualificação da década de 1950, a partir de uma perspectiva oposta aos 'modernos' da bossa nova e da MPB". Ainda, o autor comenta que a chamada Velha Guarda trazia consigo o samba e o choro consagrados no passado, o samba de rua, dos bares e das esquinas. O Pessoal da Velha Guarda (Rádio Tupi, março/1947 a maio/1952) e No Tempo de Noel Rosa (Rádio Tupi, 1951) eram programas que exaltavam a tradição musical pelas vozes de Pixinguinha, Benedito Lacerda, Raul de Barros, Donga (Napolitano, 2010a).

5.2 O mercado fonográfico nos anos 1950

Na década de 1950, o rádio foi consideravelmente o ápice dos meios de comunicação da época e com isso a demanda por novos compositores, arranjadores, instrumentistas e intérpretes se tornou um novo nicho de mercado. Assim, as rádios promoviam os *shows* de calouros em busca de novos talentos e aqueles que caíam nas graças dos jurados se consagravam pelas apresentações ao vivo nos palcos das emissoras de rádio.

5.2.1 O auge do samba-canção

> **Pausa para escuta**
>
> Aponte a câmera do celular para o QR Code ao lado e ouça Araci Côrtes, Simon Bountman e a Orquestra Parlophon em uma das primeiras interpretações da canção "Linda flor", de Henrique Vogeler e dos letristas Marques Porto e Luís Peixoto.
>
> E quando os óio eu abri
> Quis gritar, quis fugir
> Mas você
> Eu não sei porque
> Você me chamou[1]

O samba-canção, também apelidado como *música de fossa* ou *samba de meio de ano* (por ser um samba criado fora do período de carnaval), é um subgênero do samba urbano carioca que teve sua origem nos anos de 1920, quando o samba urbano passou por um processo de modernização e distanciamento do maxixe. De andamento mais lento, era conhecido como *música de fossa* em razão de suas letras, geralmente centradas em temáticas que caracterizavam a chamada dor de cotovelo como a solidão, temas de amor ou desilusão. O samba-canção foi o sucessor da modinha no contexto de música romântica e as principais interpretações vinham

...
1   Trecho da música "Ai, Ioiô (linda flor)", composta por Vogeler, Peixoto e Pôrto (Tinhorão, 2010).

de artistas que atuavam nos teatros de revista no Rio de Janeiro. A música "Ai, ioiô (linda flor)", com diversas letras e interpretações, de Henrique Vogeler e dos letristas Marques Porto e Luís Peixoto, é considerada a primeira gravação de sucesso de uma música do subgênero samba-canção.

Zuza Homem de Mello (A gênese..., 2024) comenta que essa forma de samba mais cadenciado possibilita a inserção de letras mais elaboradas, com saltos melódicos e originalidade entre a primeira e a segunda parte. No samba tradicional, a segunda parte dele é uma extensão da primeira. Já no samba-canção, a segunda parte traz uma melodia totalmente diferenciada, uma nova composição, geralmente em uma nova tonalidade. A junção desses elementos faz com que o gênero ganhe esse aspecto mais romântico ou, até mesmo, dramático.

O samba-canção teve seu auge nas décadas de 1940 e 1950, época em que o rádio e os jornais eram os principais veículos de comunicação.

5.2.2 O mercado da música popular brasileira nos anos 1950

Outros gêneros musicais com influência de ritmos estrangeiros dividiam espaço nas paradas de sucesso da época, como o bolero, a balada e o tango, mas o samba-canção despontava em primeiro lugar.

O Rio de Janeiro, especialmente o bairro de Copacabana, vivia uma intensa transformação imobiliária, social e cultural. A noite carioca era o ponto alto de quem procurava diversão. Entretanto, após a era de ouro dos cassinos entre 1930 e 1940, o então presidente da República, o general Eurico Gaspar Dutra, ordenou o fim dos jogos de azar pelo Decreto-Lei n 9.215, em 1946. Com o fechamento dos cassinos, surgiu a necessidade de outro espaço, tanto para os frequentadores quanto para profissionais da noite, uma vez que, com o decreto, em torno de 40 mil pessoas ficaram desempregadas. Castro (2015, p. 18) comenta que nessa época o samba-canção tinha um público mais elitizado e, após o fechamento dos cassinos, o ponto de encontro na noite carioca passou a ser nas boates. Entre elas, a boate Vogue se destaca, pois era onde se encontravam pessoas da classe mais alta da sociedade, como políticos e empresários, que, além de desfrutar da noite, falavam sobre política, investimentos e outros assuntos, o que era um prato cheio para que jornalistas também frequentassem o local a fim de obter as mais recentes informações.

Nessas boates, cantores e cantoras firmavam contrato fixo para se apresentar. Dolores Duran (1930-1959) era uma delas, fazendo grande sucesso não somente na Vougue, mas em outras boates como a do Hotel Glória, sendo convidada a realizar uma turnê pelo país.

Muitos dos intérpretes não eram compositores. Nesse período, a profissão de músico popular ganhou várias vertentes, sendo elas o trabalho de compositor, intérprete, arranjador, instrumentista, copista e letrista.

O mercado fonográfico também ganhava destaque na época. Entretanto, para ser considerado apto pelas gravadoras para lançar um disco, o artista precisava já ser reconhecido pelo público. Com isso a música que antes era tocada somente dentro das boates, alcança o espaço do rádio, que tinha cantores e cantoras contratados, como Nora Ney (1920-2003). De acordo com Lopes (2011,

p. 46), o álbum "'Ninguém me ama', de 1960, vendeu 300 mil cópias e conferiu a Nora o primeiro Disco de Ouro da história da fonografia brasileira concedido a uma cantora". Nos auditórios das rádios aconteciam os *shows* com a presença de uma plateia que garantia a fidelidade a esses artistas, que foram conquistando a população brasileira em todas as suas classes sociais. Com reconhecimento atingido, a venda de discos do artista estava garantida, fortalecendo ainda mais o mercado fonográfico.

Outro ponto fortalecedor do mercado fonográfico foi a imprensa escrita. A variedade de jornais que circulavam na época passou a conter o Caderno Cultural, o chamado *Caderno 2*. Como já mencionado, os jornalistas eram assíduos frequentadores das boates e sempre publicavam tudo o que acontecia no meio artístico, percebendo que a população se interessava pela vida dos artistas e que isso fortalecia ainda mais a venda de discos. Um exemplo disso foi a separação entre os cantores Dalva de Oliveira e Herivelto Martins em 1951. A vida pessoal do casal foi exposta nos jornais e revistas da época, com destaque no *Diário da Noite*, no *Globo* e na revista *O Cruzeiro*. Em meio a trocas de publicações ofensivas, Dalva despontou com seus maiores sucessos, entre eles: "Que será" de Marino Pinto e Mário Rossi, e "Tudo acabado" de José da Rocha Piedade e Osvaldo Martins, lançados em 1950.

Outros intérpretes que vieram posteriormente dando destaque à música popular brasileira, especialmente ao samba-canção, e que devem ser citados são Ângela Maria, Cauby Peixoto e Maysa, os quais consagraram muitos sucessos, como: "Você não sabe amar" (Dorival Caymmi), "Mulato bamba" (Noel Rosa), "Copacabana" (Dick Farney), "Orgulho" (Ângela Maria) e "Origens" (Cauby Peixoto).

> **Pausa para escuta**
>
> Aponte a câmera do celular para o QR Code ao lado e escute a interpretação de Dalva de Oliveira da canção "Tudo acabado", de José da Rocha Piedade e Osvaldo Martins.

5.3 A bossa nova

"O samba, a prontidão e outras bossas/São nossas coisas, são coisas nossas" (Rosa, 1932). A canção "Coisas nossas", de Noel Rosa, em 1932, já indicava o uso corrente do termo *bossa* na língua portuguesa do Brasil, com o sentido de uma característica marcante de algo ou alguém.

Em 1957, um grupo formado pelos jovens músicos Carlos Lyra, Ronaldo Bôscoli, Sylvia Telles, Roberto Menescal e Luiz Eça foi apresentado no Colégio Israelita-brasileiro como "um pessoal bossa nova" (Santana, 2022). Esse grupo já praticava a fusão de elementos de samba e jazz em apresentações chamadas de "samba *sessions*".

No documentário *Coisa mais linda: histórias e casos da bossa nova*, de 2005, Roberto Menescal, um dos protagonistas, conta que o grupo, formado em sua maioria por músicos amadores em idade universitária, reunia-se na casa de Nara Leão – um apartamento de classe média alta de frente para a praia de Copacabana, no Rio de Janeiro. A compreensão do que significava esse perfil dos personagens centrais irá nos levar a um entendimento mais profundo do fenômeno bossa nova.

O início dos anos 1950 foi de tomada de posição na bipolarização política mundial. Já no governo do General Eurico Gaspar Dutra (1946-1950), o Brasil firma sua posição em prol das democracias liberais, lideradas pelos Estados Unidos, rompendo relações políticas com a União Soviética e colocando o Partido Comunista Brasileiro na ilegalidade (Fico, 2015). Esse posicionamento político também abriu as portas para as importações e a crescente obtenção de bens de consumo norte-americanos por parte de uma classe média emergente (Tinhorão, 2010). A música estadunidense, é claro, era um dos bens de consumo favoritos dos jovens da classe média.

Os governos seguintes foram consonantes a essa tendência de modernização aos moldes da cultura norte-americana. Mesmo o ex-ditador Getúlio Vargas, eleito em 1951, não foi capaz de resistir à pressões das forças militares e oligárquicas em prol da super potência do ocidente, mesmo desempenhando fortes ações nacionalistas (Fico, 2015). No fim do seu governo, em 1954, o atentado ao jornalista Carlos Lacerda, inimigo declarado de Getúlio, levou ao ápice do desgaste político de Vargas – situação revertida após seu suicídio. Em 1955, Juscelino Kubitcheck é eleito como representante da continuidade da política de Vargas. Apesar de ter uma posse conturbada, o governo de JK, com o lema "50 anos em 5", teve foco em um plano de metas voltadas à construção de obras de infraestrutura, sobretudo estradas (Fico, 2015). Mas o grande símbolo da modernização proposta por JK foi a construção de Brasília – uma nova capital para o Brasil, projetada pelo renomado arquiteto Oscar Niemeyer.

A ideia de modernização pairava sobre a música também motivada pelo crescimento do consumo de música estrangeira, possibilitado pela maior acessibilidade aos LPs e pela disseminação da Televisão. Nesse sentido, os sambas abolerados do início da década de 1950 sofriam cada vez mais a influência do *jazz* e da música de concerto europeia, sobretudo de impressionistas do início do século XX, como Debussy e Ravel. Notadamente, um jovem compositor carioca, aluno de Radamés Gnatalli (Poletto, 2004), chamado Tom Jobim, trilhava seu caminho que o levaria a se tornar a grande referência estética da Bossa Nova.

Desafeto de Jobim, o jornalista Lúcio Rangel, que entre 1954 e 1956 foi um dos responsáveis pela *Revista de Música Popular* – atuante na defesa das tradições musicais brasileiras, como o samba da década de 1930 –, apresentou o já destacado compositor e arranjador ao diplomata e poeta Vinicius de Moraes. Há muito tempo, o poeta planejava uma adaptação da tragédia grega "Orfeu" ambientada no morro carioca. Assim, em 1956, estreou no Teatro Municipal do Rio de Janeiro o espetáculo Orfeu da Conceição, com músicas de Antônio Carlos Jobim e Vinicius de Moraes e cenário de Oscar Niemeyer (Poletto, 2004). A peça marcou não só o início de uma das mais profícuas parcerias da música popular brasileira, mas também estabeleceu padrões estéticos para sua modernização.

Em abril de 1958, foi lançado o álbum *Canção do amor demais*, com composições de Antônio Carlos Jobim e Vinicius de Moraes interpretadas pela cantora Elizeth Cardoso. Em uma das faixas, intitulada "Chega de saudade", o violonista baiano João Gilberto, então com 26 anos de idade, dava ao ritmo do samba, nas palavras de Ruy Castro (2018), "uma 'bossa' desesperadoramente nova". Por essa razão, esse fonograma de 1958 é considerado o marco inicial da Bossa Nova como movimento.

A seguir, vamos comparar a Partitura 5.1, que corresponde a uma transcrição da levada básica de João Gilberto, e a Partitura 5.2, uma tradicional levada de samba.

Partitura 5.1 – Levada do violão de João Gilberto em "Chega de saudade"

Partitura 5.2 – Levada tradicional de samba

Observe que a primeira levada pode ser considerada uma variação da segunda. Do ponto de vista rítmico, o primeiro compasso é idêntico, mas o segundo é bastante diferente na bossa nova, sendo mais próximo do primeiro compasso de ambos os ritmos.

> **Pausa para escuta**
>
> Aponte a câmera do celular para o QR Code ao lado e escute a interpretação da canção "Chega de saudade", de Tom Jobim e Vinicius de Moraes, por Elizeth Cardoso e, no violão, João Gilberto.

Tinhorão (2010), crítico confesso do novo estilo de samba, nomeia a maneira de João Gilberto tocar de "violão gago" – termo que, embora pejorativo, ilustra o fato de o ritmo da bossa nova ser uma espécie de samba mais titubeante, que se arrisca menos com improvisações e variações. Mas, tecnicamente, a levada de violão da bossa nova pode ser compreendida como uma redução da sessão percussiva do samba, em que o baixo faz as vezes do surdo e as notas mais agudas procuram reproduzir a levada do tamborim.

Contudo, não basta apenas a levada do violão para caracterizar o novo estilo musical. Elizeth Cardoso cantou no fonograma que representaria o início da Bossa Nova, mas ainda fazia uso de uma técnica vocal empostada, mais virtuosística, característica da era do rádio. O jeito de cantar mais naturalista, típico da bossa nova, seria instituído no ano seguinte, em 1959, quando o próprio João Gilberto regravou "Chega de saudade". Era isso que os jovens de Copacabana, que se reuniam em apartamentos de classe média, buscavam em suas samba *sessions*.

Pausa para escuta

Aponte a câmera do celular para o QR Code ao lado e escute a interpretação de João Gilberto em "Chega de saudade". O artista canta sem impostação de voz ou floreios, característica que viria a se tornar um dos marcos estéticos da bossa nova.

E assim surgiu o novo gênero mundialmente reconhecido como brasileiro e que, finalmente, atendia aos requisitos de modernização da música popular brasileira defendidos por intelectuais como Mário de Andrade. A bossa nova também foi capaz de alçar a música popular, especificamente o samba, à nova classe média emergente, tendo, por isso, sua imagem muito mais vinculada às elites do que ao próprio povo – lugar de onde veio.

É por essas razões que, quando pensamos em uma história social da música, temos que separar a Bossa Nova como movimento da bossa nova como gênero musical que persiste até os dias atuais, seja com a atuação de figuras históricas do movimento, como Roberto Menescal, ou com novos compositores que adotam ainda os padrões estéticos do gênero musical.

Como movimento, a Bossa Nova surgiu em resposta à aspiração de músicos e intelectuais da época de uma pretensa modernização da música popular brasileira. O movimento teve a capacidade de reunir músicos já com carreira estabelecida como Tom Jobim e João Gilberto, outros jovens músicos como Nara Leão e Roberto Menescal, além daqueles que transitavam por outras profissões, como o poeta e diplomata Vinicius de Moraes e o jornalista Ronaldo Bôscoli, que atuou positivamente na publicidade do movimento.

Assim como a abertura comercial do Brasil abriu portas para a "influência do *jazz*"[2], ela também possibilitou a internacionalização da Bossa Nova. O marco dessa incursão da música brasileira no mundo acontceceu com o espetáculo realizado em Nova York, em 21 de novembro de 1962.

> Há algum tempo, os clássicos da Bossa Nova eram gravados por músicos norte-americanos, e a presença de brasileiros no Carnegie Hall deveria confirmar o prestígio da BN nos EUA e consolidar sua presença no mercado internacional. No total, 22 músicos participaram: Tom Jobim, Carlos Lyra, Agostinho dos Santos, João Gilberto, Luis Bonfá, Chico Feitosa, Roberto Menescal, Milton Banana, Maurício Marconi, O Sexteto de Sérgio Mendes, Oscar Castro Neves e Quarteto, Sérgio Ricardo. (Napolitano, 2010b, p. 24)

---

2   Parafraseando a canção de Carlos Lyra, de 1963.

Napolitano (2010b) aponta que o espetáculo do Carnegie Hall foi um marco na história da Bossa Nova, resultando em diversos desdobramentos. O primeiro deles foi a abertura de um mercado de trabalho internacional para os integrantes do movimento. Tom Jobim e João Gilberto, por exemplo, estabeleceram-se no Estados Unidos com outros colegas de movimento. Formou-se então um núcleo de compositores e intérpretes da bossa nova mais comprometido com as questões estéticas musicais que aproximavam o gênero brasileiro do *jazz* norte-americano. Outro grupo permaneceu comprometido com as questões mais nacionalistas, como fez Vinicius de Moraes, que mais tarde faria parceria com o violonista Baden Powell para compor o que chamaram de afro-sambas.

Naquele tempo, Jânio Quadros sucedera a JK na presidência da República, em 1961, tendo o compromisso de libertar o país da corrupção (Fico, 2015). Mas seu governo não durou muito, tendo renunciado no mesmo ano e sendo sucedido, depois de uma conturbada transição, por João Goulart. Jango, como era conhecido, também fora vice de Kubitschek e era conterrâneo de Getúlio Vargas, além de considerado seu sucessor no projeto político reformista e populista. A tensão entre as forças armadas e o governo aumentaram e isso culminaria no Golpe de 1964.

A tensão política e diaspórica dos artistas em 1962 resultou no esvaziamento da bossa nova enquanto movimento. Contudo, ela deixa seu legado estilístico para música brasileira, além da promoção de novos compositores e intérpretes que, na sequência, iriam protagonizar outros movimentos e momentos importantes da história da música brasileira.

5.4 A canção engajada

Ao contrário do que possamos ser induzidos a pensar, o movimento da canção engajada teve seu início dois anos antes do Golpe de 1964. Como vimos, a partir de 1961, com a renúncia de Jânio Quadros, a tensão política entre as oligarquias brasileiras e as pretensões das classes populares se multiplicaram. Não foi sem motivo que muitos daqueles artistas integrantes do espetáculo de bossa nova no Carnegie Hall, em 1962, resistiram à sedução do profícuo mercado fonográfico norte-americano. Vinicius de Moraes, Baden Powell, Carlos Lira, Roberto Menescal, entre outros, buscavam cada vez mais os temas tradicionais e a sonoridade dos estilos musicais brasileiros. Esse grupo de compositores, alinhados com uma visão nacionalista da música popular brasileira, iria liderar e influenciar toda uma geração que protagonizaria o movimento das canções de protesto.

Em uma época politicamente conturbada, marcada pela renúncia presidencial, precedida pela implantação de um regime parlamentarista às pressas para esvaziar os poderes de um vice-presidente eleito pelo povo mas indesejado pelas elites desde quase uma década antes[3] marcada pelo rápido retorno ao presidencialismo após o plebiscito de 6 de janeiro de 1963 (Fico, 2015), a falta de engajamento político das letras da bossa nova passava a ser alvo de críticas. O Conselho Popular de Cultura (CPC) da União Nacional dos Estudantes era o local para essas discussões em torno da música

...

---
3   João Goulart foi nomeado Ministro do Trabalho no governo democrático de Getúlio Vargas, em 1953. O mandato de Jango sofreu oposição das elites em razão das medidas tomadas em prol da classe trabalhadora, entre elas, o aumento de 100% no salário mínimo – fato que se configurou como o estopim para seu pedido de demissão em 1954 (Fico, 2015).

que, em seu entendimento, deveria assumir uma postura mais proativa e tratar de temas de cunho político-ideológico, especificamente, que contestassem o estado autoritário que se desenhava no cenário político, ameaçando a democracia no Brasil.

Essa música socialmente engajada pretendida pelas lideranças estudantis, e documentada em um manifesto do CPC redigido por volta de 1962 (Napolitano, 2010b), passou a ser produzida, apropriando-se parcialmente da estética da bossa nova e buscando uma aproximação com a as camadas populares a partir do resgate de tradições musicais.

De acordo com Napolitano (2010b), o Manifesto do CPC não foi tão influente na música quanto em outras expressões artísticas, como o teatro e o cinema. Todavia, dois álbuns podem ser lembrados como marcos dessa fase da música de protesto que precedeu o início o regime militar: *Depois do carnaval*, de Carlos Lyra, e *Um senhor de talento*, de Sérgio Ricardo. No álbum de Lyra, duas canções chamam a atenção. A primeira é "Influência do *jazz*" (Lyra, 1963a), que mais do que atestar a influência da música norte-americana sobre a brasileira, coloca-a em crise, quando diz que "o samba meio morto ficou meio torto" por "influência do *jazz*", marcando claramente sua posição artística tradicionalista quando indica, na letra da canção, que a solução para o samba se salvar é voltar para o morro, onde nasceu, e "se livrar da influência do *jazz*".

Pausa para escuta

Aponte a câmera do celular para o QR Code ao lado e escute a gravação de "Influência do *jazz*", de Carlos Lyra.

Mas não há só críticas à bossa nova no álbum de Lyra. A música "Marcha da Quarta-feira de Cinzas" nasce com uma crítica social branda, falando da retomada da vida dura depois do carnaval. Anos mais tarde, essa canção seria retomada em alusão ao início da ditadura:

> Acabou nosso carnaval
> Ninguém ouve cantar canções
> Ninguém passa mais brincando feliz
> E nos corações
> Saudades e cinzas foi o que restou. (Lyra, 1963b)

Pausa para escuta

Aponte a câmera do celular para o QR Code ao lado e escute a gravação de "Marcha da Quarta-feira de Cinzas", de Carlos Lyra.

Sérgio Ricardo também demonstrou engajamento com as questões sociais em seu álbum de 1963. Na canção "Enquanto a tristeza não vem", ele diz que a "tristeza mora na favela" e quando, às vezes, ela "sai por aí", a felicidade "que era saudade sorri", "brinca um pouquinho, enquanto a tristeza não vem" (Ricardo, 1963).

Pausa para escuta

Aponte a câmera do celular para o QR Code ao lado e escute a gravação de "Enquanto a tristeza não vem", de Sérgio Ricardo.

O movimento da canção engajada passou a retratar ambientes como a favela, até então pouco explorados pela bossa nova. Dessa maneira, começou a desempenhar um importante papel na conscientização do público sobre a desigualdade social existente no país.

Musicalmente, os dois álbuns buscam a aproximação estética com o samba tradicional e suas diversas vertentes e optam por uma instrumentação mais compacta, distante das grandes orquestrações – estética que serviria de base para a canção de protesto que se estabeleceria nos anos seguintes.

Durante o governo de João Goulart, o protesto nas artes era contra quem se opunha a ele, como grandes empresários, latifundiários e oficiais das forças armadas, que contavam também com o apoio do governo norte-americano (Fico, 2015). A tensão que envolvia essas duas partes – governo federal e oligarquias – aumentou substancialmente em 1964, após episódios em que o Presidente da República contrariou preceitos e oficiais militares, além de expor, em comício na Praça da República, medidas contrárias às aspirações da classe média (Fico, 2015). Além disso, a primeira Marcha da Família com Deus pela Liberdade, em 19 de março de 1964, que "reuniu cerca de 500 mil pessoas em São Paulo" (Fico, 2015, p. 51), trouxe popularidade aos movimentos contrários ao governo de João Goulart. Toda essa tensão culminou no golpe militar, que teve seus primeiros atos em 31 de março de 1964 e se confirmou no dia seguinte, 1º de abril.

Essa nova administração do país, que se iniciou no dia 11 de abril com a eleição do Marechal Humberto de Alencar Castelo Branco em uma tranquila votação do Congresso Nacional, "cujo funcionamento foi mantido após a cassação de quarenta parlamentares" (Fico, 2015, p. 55), inicialmente não se preocupou tanto com os protestos vindos dos setores culturais.

Ao mesmo tempo que dissolvia as organizações populares e perseguia parlamentares, ativistas políticos e sindicalistas, paradoxalmente, não se preocupou de imediato com os artistas e intelectuais de esquerda. Como é sabido, entre 1964 e 1968 houve relativa liberdade de criação e expressão, mesmo sob a vigilância do regime autoritário. (Napolitano, 2010b, p. 39)

Ainda de acordo com Napolitano (2010b), a tomada de poder pelos militares em 1964 gerou uma crise política-ideológica advinda do dilema: como um governo que buscava atender aos anseios do povo, com reformas que buscavam minimizar o abismo social do país, foi deposto com tão pouca resistência? A tentativa de resposta a essa questão levou os setores culturais à reflexão emancipada de projetos político-partidários. No campo da música, significa dizer que ela deixa de ser instrumento para difusão de um projeto político e passa a colocar em crise a situação política da época.

Uma das providências do regime militar recém-implantado foi o fechamento de espaços de debate mais ligados à esquerda, como o próprio CPC da UNE (Napolitano, 2010b). Não por acaso, esses espaços também eram palco para a circulação da música engajada. A consequência direta desse impedimento de difusão foi a absorção desse tipo de canção engajada pelo mercado – fato que aproximou essa produção artística do público e que daria, na sequência, maior visibilidade a ela. Estava aberto, assim, o caminho para a canção engajada começar a preocupar os líderes do regime militar.

Alguns artistas se transferiram para São Paulo, onde foram promovidos espetáculos da vertente nacionalista da bossa nova. Muitos desses *shows* foram organizados por entidades estudantis e oportunizaram o surgimento de novos personagens que seriam protagonistas da sequência da história da música brasileira, como, por exemplo, Chico Buarque.

Por ser capaz de atrair uma parcela significativa do público jovem, o movimento começou a chamar a atenção das emissoras de TV, que passaram a inserir eventos vinculados à canção engajada em suas programações.

Foi justamente em São Paulo, no teatro Paramount, que artistas como Chico Buarque, Elis Regina, Toquinho, Gilberto Gil, Tom Jobim e Nara Leão começaram a interagir, reunidos em espetáculos de canções de cunho nacionalista, mas que traziam em suas letras manifestos contra a situação política do momento no país.

Essa música que carregava consigo dicotomias como "comunicação e expressão, qualidade e popularidade, mercado e engajamento político" (Napolitano, 2010b, p. 69), foi a base para o nascimento da sigla MPB e para sua consolidação nos festivais de televisão.

5.5 Festivais de televisão e o tropicalismo

É comum compreender a era dos festivais (Mello, 2003) como uma sucessão de eventos que nasce em resposta ao regime militar. Mas os primeiros movimentos para realização de encontros competitivos de música popular brasileira remontam ao iníco da década de 1960.

> Nem todos se lembram que o primeiro festival competitivo de canções na história da música popular brasileira foi promovido no final de 1960 pela Rádio e TV Record. Embora sem grande repercussão, esse é que foi cronologicamente o número 1 entre os de âmbito

nacional com participação de compositores de outros estados. (Mello, 2003, p. 17)

Na realidade, esse primeiro festival se chamava I Festa da Música Popular Brasileira e teve outras atrações além da disputa musical, como *shows* com artistas da Record, desfiles de moda, gincanas e almoço à beira da piscina do Grande Hotel do Guarujá, litoral de São Paulo (Mello, 2003). Como se pode notar, não se tratava de um evento que iria problematizar questões sociais, mas sim de mais uma manifestação, como a própria Bossa Nova, da classe média e das elites. Contudo, o festival não contou com os nomes mais conhecidos da música popular no momento. Nem mesmo o vencedor, Newton Mendonça, com a composição "Canção do pescador", apesar de parceiro de Tom Jobim em "Desafinado" e "Samba de uma nota só", era um compositor com grande reconhecimento por parte do público.

Mello (2003), que na época trabalhava para a rádio Record, comenta em seu livro *A era dos festivais*, que as 21 músicas finalistas daquele festival não lograram êxito no mercado pelos seguintes motivos: a não transmissão do evento pela TV, a intensa programação que ofuscou o protagonismo do embate musical e a falta de qualidade dos intérpretes, na sua visão. Esse último motivo, por sinal, é apontado por Zuza como o principal deles.

Em virtude da tímida repercussão da I Festa da Música Popular Brasileira, a TV e Rádio Record só foi retomar a ideia de festivais de música seis anos depois, quando o contexto social havia mudado drasticamente e um novo modelo de evento surgia, capaz de atrair a atenção do público jovem.

Quase dois meses depois do Golpe de 1964, aconteceu o espetáculo "O Fino da Bossa", no teatro Paramount, em São Paulo, tendo grande sucesso entre os estudantes que o perceberam "como uma afirmação da cultura nacional frente à 'ditadura entreguista' no poder" (Napolitano, 2010b, p. 42). O sucesso levou à realização de outros espetáculos com o mesmo perfil ainda em 1964, como os *shows* Samba Novo, Boa Bossa e O Remédio da Bossa, entre outros. E nesses espetáculos, como observa Napolitano (2010b, p. 43), "o entusiasmo da plateia diante das apresentações demonstrou o enorme potencial de público para a música brasileira, logo percebido pelos produtores e empresários ligados à TV."

Esse modelo dos espetáculos de 1964 levou a TV Record a realizar em 1965, no auditório do Colégio Rio Branco, em São Paulo, o espetáculo Primeira Audição, apontado por Napolitano como "o piloto da fórmula televisiva que desembocou nos musicais da TV Record, a partir de 1965" (Napolitano, 2010b, p. 42). O autor complementa afirmando que "esta fórmula tentava reproduzir a vibração dos *shows* ao vivo do circuito estudantil" (Napolitano, 2010b).

Porém, antes de a TV Record lançar o novo modelo de festival, a TV Excelsior, com sede nas cidades de São Paulo e Rio de Janeiro, realizou em 1965 o I Festival Nacional da Música Popular Brasileira, idealizado por Solano Ribeiro, então diretor de programação de emissora, inspirado no Festival de San Remo que ocorria na Itália. O intuito era trazer para a televisão artistas e compositores que transitavam pelo circuito de *shows* promovidos por entidades estudantis, além de nomes já consagrados da música popular brasileira.

O I Festival Nacional da Música Popular Brasileira foi realizado entre os dias 27 de março e 6 de abril de 1964, e teve 1.290 músicas inscritas (Mello, 2003). Dessas, 36 canções foram selecionadas para serem defendidas por intérpretes escolhidos pela organização do evento, entre os quais figuravam nomes consagrados como Altemar Dutra, Elizeth Cardoso e Orlando Silva, cantores de uma nova geração em ascensão como Jair Rodrigues e Elis Regina, além de iniciantes com potencial reconhecido por Solano, como Wilson Simonal e Geraldo Vandré.

A fase eliminatória ocorreu em três etapas, realizadas em diferentes locais entre os Estados de São Paulo e Rio de Janeiro, cada qual com 12 músicas apresentadas, das quais 4 se classificariam para a grande final, realizada no dia 6 de abril no Teatro Astoria, no Rio de Janeiro. A grande vencedora do festival foi "Arrastão", de Edu Lobo e Vinicius de Moraes, defendida pela notável Elis Regina.

Pausa para escuta

Aponte a câmera do celular para o QR Code ao lado e escute a gravação de "Arrastão", de Edu Lobo e Vinicius de Moraes, interpretada por Elis Regina no I Festival da TV Excelsior, em 1964.

Coincidentemente, o I Festival da TV Excelsior teve como vencedora uma canção que retratava parte do cotidiano do pescador, a exemplo da "Canção do pescador", vencedora da I Festa da Música Popular Brasileira, de 1960. Porém, a abordagem do tema é completamente distinta. Ao passo que a "Canção do pescador" trata da melancolia de um velho pescador, "Arrastão" traz a atmosfera da luta, da fé e do trabalho de pescadores em ação. A comparação entre as duas canções, a primeira de 1960 e a outra de 1965, retrata as mudanças sociais que ocorreram nesse intervalo de cinco anos. Além disso, o Festival e a canção vencedora influenciariam toda uma onda de festivais que viria na sequência.

"Arrastão" deu um novo rumo para a música popular brasileira (mais tarde alcunhada MPB) e foi o ponto de partida da música na televisão, um espaço que não existia antes. A despeito de a audiência não ter sido espetacular, a partir do Festival da TV Excelsior, a música brasileira pela TV não seria mais a mesma. Os quase sonolentos programas em que um grande cantor ou cantora se apresentava durante meia hora num cenário de gosto discutível, mesmo com uma mulher admiravelmente fotogênica como Maysa, chegavam ao fim de uma era. No novo modelo, havia um outro elemento: o público. (Mello, 2003, p. 73)

Na época do I Festival da TV Excelsior não havia no Brasil tecnologia para se fazer uma transmissão nacional. Somente os cariocas puderam assistir à final ao vivo, e ainda assim não se registrou uma audiência expressiva. Mas os desdobramentos do evento e o sucesso das canções e intérpretes deram à emissora a certeza de que uma nova edição do Festival deveria acontecer no ano seguinte. A primeira atitude de seus gestores foi firmar contrato com o patrocinador, a indústria francesa Rhodia. Porém, essa atitude desagradou o diretor da primeira edição do festival, Solano Ribeiro, já que a Rhodia havia patrocinado o I Festival e, de acordo com Mello (2003, p. 76), o diretor de *marketing* da patrocinadora, Livio Rangan, "se sentia no direito de direcionar o tipo de música que beneficiasse seu projeto na Rhodia". Imediatamente depois de saber da notícia, ainda no final de 1965, Solano pediu demissão da TV Excelsior. Livio Rangan assumiu, assim, a direção do II Festival da Excelsior. Mas além da mudança na direção, havia ainda outro fator relevante que poderia levar a segunda edição festival ao fracasso: a concorrente TV Record havia assinado contrato de exclusividade com os grandes intérpretes daquele momento. Esses cantores, como Elis Regina, não estariam mais disponíveis para defender as canções do festival da TV Excelsior.

Além de todos esses entraves, o Festival que se realizou em 1966 cometeria ainda mais um equívoco, na visão de Mello (2003): nenhuma das cinco eliminatórias foram transmitidas ao vivo, chegando, em alguns casos, a serem transmitidas até dois dias depois de sua realização, quando todos já sabiam do resultado pelos jornais.

A canção vencedora do II Festival Nacional da Música Popular Brasileira da TV Excelsior foi "Porta estandarte", interpretada por Tuca e Airto Moreira, e composta por Geraldo Vandré e Fernando Lona. E esse foi o legado mais importante do festival: a projeção de Geraldo Vandré como compositor profícuo da música popular brasileira, já que até então era reconhecido apenas como intérprete.

Este foi o último festival da TV Excelsior que, a partir de 1966 entra em processo de derrocada, vindo a fechar suas portas em 1970. O II Festival dessa emissora não teve a mesma repercussão do primeiro não só pelo que já foi mencionado, mas também porque durante a sua realização já estavam abertas as inscrições para o II Festival da concorrente, a TV Record, detentora da exclupassar para a linha seguintesividade dos grandes intérpretes do momento.

O II Festival da Música Popular Brasileira da TV Record, realizado em 1966, teve 2.653 músicas inscritas (Mello, 2003), das quais 36 foram selecionadas para as eliminatórias, que seriam realizadas no Teatro Record, em São Paulo, classificando as 12 melhores canções para a final. Entre as finalistas, despontavam "Disparada", de Geraldo Vandré e Theo de Barros, e "A banda", de Chico Buarque. A primeira foi interpretada por Jair Rodrigues, e a segunda, por Nara Leão. O resultado divulgado foi surpreendente: um empate no primeiro lugar entre as duas canções. Embora, em seu livro *A era dos festivais* (2003), Zuza Homem de Mello, que foi técnico de som do festival, tenha afirmado que a votação inicial favorecia "A banda" e que Chico Buarque se negou a receber o prêmio por considerar "Disparada" superior à sua canção, o resultado oficial, documentado pela história foi, de fato, o empate. Indiscutível, no entanto, foi o prêmio de melhor intérprete concedido a Jair Rodrigues por sua atuação surpreendente em "Disparada"[4].

> **Pausa para escuta**
>
> Aponte a câmera do celular para o QR Code ao lado e conheça as finalistas do II Festival da Música Popular Brasileira da TV Record, de 1966.

O festival da Record de 1966 pode ser considerado a porta de entrada para compositores como Caetano Veloso e Gilberto Gil e a consolidação de Chico Buarque, que antes do festival já era relativamente conhecido pelo público, e com o sucesso de "A banda", transformou-se em um verdadeiro fenômeno de vendas. Além disso, foi a consolidação de um formato que iria se repetir no ano seguinte e que galgava a participação do público, com suas calorosas ovações e vaias, a protagonista do espetáculo.

A terceira edição do festival da Record era imperativa, tendo em vista o sucesso da segunda. Ela de fato aconteceu e, mais que isso, trouxe consequências marcantes para a música popular brasileira.

---

4 O brincalhão Jair Rodrigues interpretava e apresentava o programa O Fino da Bossa em parceria com Elis Regina, sempre com seu jeito extrovertido. Ao defender a música "Disparada", ele assumiu uma expressão absolutamente serena, como a letra da canção sugeria.

Em julho de 1967, houve uma passeata contra a invasão da música estrangeira, liderada por artistas como Elis Regina, Gilberto Gil, Jair Rodrigues, Edu Lobo, Geraldo Vandré e Zé Kéti, que ficou conhecida como *passeata contra as guitarras elétricas*. Meses mais tarde, durante o festival, Gilberto Gil mostraria uma posição contrária à do movimento.

Outro contexto que fez mudar em parte a regra do festival que estaria por vir é que as músicas de sucesso dos festivais ficavam fortemente vinculadas aos seus intérpretes, como ocorreu com "Arrastão", de Elis Regina, e "Disparada", de Jair Rodrigues. No festival de 1967, muitos compositores defenderam suas próprias canções, algumas vezes até ao lado de outros intérpretes.

No dia 30 de setembro de 1967, com um microfone pendurado no teto do teatro especialmente para captar as reações do público, deu-se início ao III Festival da Música Popular Brasileira da TV Record. A participação e o envolvimento do público foram tão marcantes que, durante a final, por não conseguir ouvir o som dos instrumentos para cantar sua própria canção em razão das vaias estrondosas, Sérgio Ricardo interrompeu sua apresentação, quebrou seu violão e o arremessou contra o público, conforme mostra o documentário *Uma noite em 67*. A atmosfera tensa era condizente com o que ocorria na sociedade da época.

Outra apresentação que iniciou com vaias foi a de "Alegria, alegria", interpretada pelo seu compositor, Caetano Veloso, acompanhado pela banda de *rock* argentina Beat Boys. Mas ao contrário de Sérgio Ricardo, Caetano manteve a calma e a simpatia e, sem proferir palavra alguma, apenas seguiu interpretando sua canção. Durante a música, as vaias foram gradativamente se transformando em aplausos, e aquela fusão de marcha com *rock* conquistou público e jurados naquela noite. No documentário *Uma noite em 67*, Caetano admite que sua atitude foi proposital e em resposta à passeata contra as guitarras elétricas que assistira perplexo meses antes. Gilberto Gil, que participara daquela passeata, segundo ele mesmo, para acompanhar sua amiga Elis Regina, tomou a mesma atitude de Caetano no festival e levou a então controversa guitarra elétrica para o palco. A banda Os Mutantes, composta por Rita Lee, Arnaldo Baptista e Sérgio Dias, emprestou o peso do rock para o arranjo de Rogério Duprat da canção "Domingo no parque", de Gil. O sucesso foi ainda maior que o de Caetano, e Gil obteve a segunda colocação no festival. Caetano Veloso, Gilberto Gil e os Mutantes apresentaram ao Brasil a gênese do tropicalismo[5] naquela ocasião.

Em terceiro lugar, Chico Buarque, acompanhado do grupo vocal MPB4, apresentando "Roda viva", canção que claramente criticava as restrições impostas pelo regime militar e, por conta disso, agradava o público estudantil. Ainda em 1967, a opressão contra a classe artística era branda se comparada às proporções que tomaria no ano seguinte, com a publicação do AI-5.

Em primeiro lugar, a consagração de Edu Lobo e de seu parceiro Capinan, na música "Ponteio", interpretada pelo próprio Edu e por Marília Medalha.

---

5   *Tropicalismo*, ou *Tropicália*, é o nome dado ao movimento que surgiu na década de 1960 a partir da obra de artistas como Caetano Veloso, Gilberto Gil, Gal Costa, Mutantes e Tom Zé, que misturavam elementos da música popular brasileira com o *pop*, o *rock* e a música contemporânea, além de outros estilos, buscando uma ruptura com a estética musical vigente nos meios de comunicação de massa (Favaretto, 2000). Analisaremos mais a fundo esse movimento na Seção 6.2.3.

> **Pausa para escuta**
>
> Aponte a câmera do celular para o QR Code ao lado e assista, na íntegra, à final do III Festival de Música Popular Brasileira da TV Record, de 1967.

O III Festival da Record é considerado por muitos como o principal entre os festivais de música popular brasileira. Isso porque consagrou compositores como Edu Lobo e Chico Buarque e revelou ao grande público artistas profícuos como Gilberto Gil e Caetano Veloso. Curiosamente, as músicas levadas ao festival por esses quatro artistas tornaram-se ícones de suas produções, respectivamente, "Ponteio", "Roda viva", "Domingo no parque" e "Alegria, alegria". Caetano e Gil fizeram mais: intoduziram a estética do *rock* ao circuito dos festivais, mostrando ser possível absorver elementos de outras expressões artísticas estrangeiras sem perder de vista as características da música reconhecidamente brasileira. O surgimento do tropicalismo foi a consequência direta disso.

Em meio às disputas para conquistar público e jurados dos festivais, artistas e críticos discutiam os rumos da música que ali emergia. O termo *moderna MPB*, mencionado por Caetano Veloso em entrevista à TV Record (Uma Noite em 67, 2010) era recorrente a uma parcela de pessoas que sustentavam a ideia de uma "linha evolutiva" da música popular brasileira (Napolitano, 2010b). O fato de a "moderna MPB" ter alcançado grande projeção na segunda metade da década de 1960 decorreu de sua afinidade com as pretensões da emergente indústria cultural e de seu comprometimento em tratar de temas relevantes ao cenário poítico-social da época. A sigla *MPB* ganhava *staus* de instituição (Napolitano, 2010b) com compositores considerados intelectuais, canções que celebram estilos musicais do Brasil de uma maneira considerada "moderna" e letras que abordam temas populares, além de conterem, nas entrelinhas, a insatisfação com os desdobramentos políticos da época.

No ano de 1968, acirra-se a disputa entre os violões da MPB e as guitarras elétricas do Tropicalismo. Nessa quarta edição do Festival da Record, a canção "São Paulo meu Amor", de Tom Zé, um dos representantes da tropicália, foi a primeira colocada do festival.

No quinto e último Festival da Música Popular Brasileira da TV Record, em 1969, Paulinho da Viola saiu vencedor com sua canção "Sinal Fechado". Entre os finalistas, não figuravam os nomes mais recorrentes nos festivais, como Chico Buarque, Caetano Veloso, Gilberto Gil, Geraldo Vandré, Edu Lobo, entre outros. O Brasil tinha se tornado um lugar perigoso para artistas engajados em causas sociais.

Paralelamente ao circuito de festivais de MPB, em 1966, o Governo da Guanabara organizou o I Festival Internacional da Canção, o FIC. Esse festival tinha uma fase de eliminatórias nacionais em que se escolhia um representante brasileiro para disputar com compositores estrangeiros. No regulamento do FIC, vetava-se "tema poético ou musical de identidade regional ou mesmo nacional"(Napolitano, 2010b, p. 121) – fato que, de acordo com Napolitano (2010), acabou por esvaziar o interesse do público, que se encontrava em um momento de reaproximação da cultura nacional.

O vencedor do I FIC foi Dorival Caymmi, com a composição "Saveiros", e as transmissões foram feitas pela TV Rio.

No ano seguinte, 1967, a transmissão do FIC passa a ser da TV Globo, fundada em 1965. Nessa segunda edição do FIC, a vencedora da fase nacional foi "Margarida", de Guttemberg Guarabyra, embora os segundo e terceiro lugares, "Travessia", de Milton Nascimento e Fernando Brant, e "Carolina", de Chico Buarque, tivessem alcançado mais prestígio posteriormente.

No III FIC, em 1968, a canção "Sábia", de Tom Jobim e Chico Buarque, conquistou o primeiro lugar sob as vaias do público, que preferia "Pra não dizer que não falei das flores", de Geraldo Vandré. Mas a mesma edição do FIC foi palco de outro momento histórico: a hostilização do público à música "É proibido proibir", de Caetano Veloso, que, ao contrário do que fizera no ano anterior na TV Record, discursou contra a atitude da plateia e sua incapacidade de aceitar as concepções estéticas que a tropicália trazia à música popular brasileira. Naquele mesmo ano, Caetano precisou buscar exílio na Inglaterra em função da opressão da ditadura à classe artística pós AI-5. Seu parceiro de tropicália, Gilberto Gil, seguiu o mesmo caminho.

A era dos festivais (Mello, 2003) seguiu até 1972, mas cada vez mais esvaziados de questões relevantes para a sociedade e distantes de seus principais expoentes, já que muitos deles estavam exilados e não poderiam voltar ao país naquele momento. A sétima e última edição gerou um grande prejuízo e, no ano seguinte, encerrou-se o ciclo de festivais. Mais tarde haveria tentativas de retomada, mas o momento da história já havia passado e o legado dos festivais da década de 1960 estaria para sempre garantido nos desdobramentos da música popular brasileira.

Síntese

Neste capítulo, evidenciamos que a busca pelo nacionalismo na música brasileira causou uma dicotomia na área da música popular. Se, de um lado, os folcloristas defendiam a permanência da genuína música brasileira, especialmente do chamado *samba de raiz*, de outro, a música popular ampliou suas possibilidades estéticas recebendo a influência de gêneros estrangeiros.

Nesse sentido, o samba-canção se destacou na década de 1950 e conquistou um espaço elitizado, especialmente nas grandes cidades, como o Rio de Janeiro. Além disso, com o fechamento dos cassinos no Brasil, as boates se tornaram o ponto de encontro de músicos, jornalistas e pessoas da alta sociedade.

Em outra vertente, o samba "aboleirado" e outros novos gêneros, considerados bregas pelas elites, estouravam nas paradas de sucesso, tanto no rádio quanto nas apresentações ao vivo que aconteciam nos programas de auditório, os quais contribuíam para despontar novos artistas.

Ainda, não somente novos ritmos e gêneros surgiram na música popular brasileira, mas também movimentos significativos, como a bossa nova e o tropicalismo. Ou seja, o Brasil não deixou de produzir música nem mesmo durante a ditadura militar, época em que vários artistas faziam da música sua voz de resistência.

Com relação à produção musical, o rádio não foi o único meio de comunicação que alavancou a produção de muitos artistas. Com o advento da televisão, os programas de auditório, *shows* de calouros e a chamada *Era dos Festivais* deram destaque e levaram à fama muitos músicos entre 1960 e 1980.

Atividades de autoavaliação

1. O samba-canção, também chamado de *música de fossa* ou *samba de meio de ano* (por ser criado fora do período de carnaval), é um subgênero do samba urbano carioca e sua origem remonta aos anos de 1920, quando o samba urbano passou por um processo

de modernização e distanciamento do maxixe. Considerando o exposto, assinale a alternativa que descreve uma ou mais características marcantes do samba-canção:

a) De andamento rápido, semelhante ao samba do Estácio.

b) Trata-se de um estilo musical predominantemente instrumental.

c) De andamento relativamente lento, com letras que falam sobre amores perdidos e tristezas, o que caracteriza a música de fossa.

d) De andamento rápido, como uma marcha, para exaltar o patriotismo.

e) De andamento muito lento, com letras de protesto contra o governo.

2. Qual é considerado o primeiro samba-canção gravado no Brasil?

a) "Alegria alegria", interpretado por Caetano Veloso.

b) "Asa branca", de Luiz Gonzaga.

c) "Ai, ioiô (linda flor)", de Henrique Vogeler em conjunto com os letristas Marques Porto e Luís Peixoto.

d) "Ninguém me ama", interpretado por Nora Ney.

e) "Meu Guri", interpretada por Ângela Maria.

3. Na década de 1950, no Brasil, a criação de novos gêneros musicais, especialmente com "temperos" importados de outros países, gerou certo desconforto entre os musicistas e pesquisadores mais conservadores. Na época, o papel da imprensa foi muito importante para divulgar e formar opinião acerca do que ocorria na sociedade. A esse respeito, assinale a alternativa que

apresenta o nome da revista que surgiu em 1954 com o intuito de promover e divulgar a música popular brasileira:
a) *Revista da Música Popular.*
b) *Revista da Música Erudita.*
c) *Revista do Rádio.*
d) *Revista Manchete.*
e) *Revista da TV Brasileira.*

4. De acordo com Santana (2022), em 1957, um grupo formado pelos jovens músicos Carlos Lyra, Ronaldo Bôscoli, Sylvia Telles, Roberto Menescal e Luiz Eça foi apresentado no Colégio Israelita-Brasileiro como um pessoal:
a) malandro.
b) bossa nova.
c) vanguardista.
d) erudito.
e) modernista.

5. O III Festival da Record é considerado por muitos o principal festival de música popular brasileira já promovido, uma vez que consagrou compositores como Edu Lobo e Chico Buarque e, além disso, revelou ao grande público as faces de Gilberto Gil e Caetano Veloso. Nesse sentido, assinale, a seguir, a alternativa que traz uma das principais canções indicadas nesse festival:
a) "Águas de março".
b) "Travessia".
c) "Pelo telefone".
d) "Ai, ioiô (linda flor)".
e) "Alegria alegria".

Atividades de aprendizagem

Questões para reflexão

1. Uma das providências do regime militar recém-implantado havia sido o fechamento de espaços de debate mais vinculados à esquerda, como o próprio CPC da UNE (Napolitano, 2010b). Não por acaso, tais espaços também eram palco para a circulação da música engajada. De que maneira o mercado contribuiu para que a música engajada tivesse maior visibilidade no país? Nos dias atuais, como você avalia a participação das entidades estudantis nas questões políticas do Brasil? E quanto à promoção de arte e cultura?

2. Em sua opinião, quais foram os aspectos característicos que marcaram o surgimento da bossa nova?

Atividade aplicada: prática

1. Neste capítulo, comentamos sobre a grande importância dos festivais de televisão para o surgimento do tropicalismo. A esse respeito, assista ao filme *Uma noite em 67*, de Ricardo Calil e Renato Terra, preencha a ficha técnica a seguir e exponha os aspectos que mais lhe chamaram a atenção acerca do que o filme apresenta em relação ao aprendizado no livro.

Título do filme:			
Ano:	País:	Idioma:	Duração:
Gênero:		Idade recomendada:	
Palavras-chave:			
Direção:		Produção:	
Elenco principal:			
Sinopse:			
Observações:			

Capítulo 6

DA MPB AO *RAP*: UMA ODISSEIA PELA "MODERNIZAÇÃO" DA MÚSICA POPULAR

Alysson Siqueira

Ao escrever sobre a história da música brasileira, é preciso optar por uma linha condutora que, por vezes, parece seguir alheia a tudo mais que ocorreu em seu entorno. Partindo da casa da Tia Ciata, passando pela Época de Ouro, pela controversa influência do bolero nas décadas de 1940 e 1950, depois pela Bossa Nova e por todos os desdobramentos dela, chegamos ao ponto da criação de uma sigla, MPB (música popular brasileira), que representaria muito mais uma instituição (Napolitano, 2010b) do que um gênero musical esteticamente definido.

A escolha por essa linha narrativa se explica pela abrangência nacional dos movimentos, embora muitos deles se servissem das culturas regionais desse país tão diverso. Ressalva-se que tal abrangência é fruto da difusão e aceitação pelo público dos muitos produtos culturais veiculados nos principais meios de cada época: rádio, depois discos, televisão e, mais recentemente, as mídias digitas, como os CDs e os serviços disponíveis na internet.

Portanto, neste capítulo, de início, apresentaremos o ponto final dessa narrativa que culminará no surgimento da MPB. Na sequência, analisaremos outras linhas históricas que ocorreram paralelamente, destacando o desenvolvimento do *rock* nacional, a música popular instrumental (especificamente o *jazz*) e o ressurgimento do choro, além da música sertaneja, que nasceu no interior do Brasil e migrou para as grandes cidades, bem como dos movimentos musicais urbanos que se desenvolveram em um novo contexto: a periferia.

6.1 A MPB como movimento cultural dos anos 1960

Os festivais da década de 1960, à exceção do Festival Internacional da Canção (FIC), levavam em seu nome a expressão *música popular brasileira*. Não era nenhuma criação de seus organizadores, mas um termo utilizado há muito tempo para designar a música brasileira que emanava de seu povo. O que ocorreu naquela década, com a contribuição inequívoca dos festivais, é a consagração da MPB como um movimento de música brasileira que buscava resgatar a brasilidade ao mesmo tempo em que tentava, de maneira pacífica, protestar contra um governo militar que se afastava cada vez mais do Estado de direito. Sendo assim, procuraremos fechar as lacunas dessa história, pois não foi somente nos festivais que a MPB se construiu.

Como mencionamos no capítulo anterior, a partir de 1964, os espetáculos de bossa nova nacionalista e de canção engajada promovidos por entidades estudantis atraíam cada vez mais o público jovem. Por outro lado, a década de 1960 também foi marcada por uma revolução nos meios de comunicação, com a televisão ocupando cada vez mais espaço nos lares brasileiros.

Vimos que a TV Record tentou organizar o primeiro festival em 1960, porém, sem muito sucesso. Ao contrário, o Festival da TV Excelsior, de 1965, além de ditar os padrões estéticos para a música de festival, revelou a cantora Elis Regina.

À época, a TV Record vinha perdendo audiência para a TV Excelsior, e seus executivos precisavam fazer alguma coisa para mudar isso. A cartada decisiva foi a contratação de Elis Regina, que, ao lado de Jair Rodrigues, passou a apresentar o programa O Fino da Bossa (Mello, 2003). A estratégia da TV Record foi certeira não só porque o programa foi um sucesso absoluto, mas também por terem descoberto que os programas musicais em horário nobre obtinham muita audiência. Não demorou muito para a emissora criar mais dois programas: um destinado ao público consumidor da velha guarda, o Bossaudade, e outro, apresentado por Roberto Carlos, Wanderléa e Erasmo Carlos, chamado de Jovem Guarda, que contemplava o crescente público do iê-iê-iê nas tardes de domingo (Mello, 2003).

Cada novo artista que se apresentava nesses programas – principalmente no de Elis – e demonstrava ter talento era contratado com exclusividade pela emissora. Não demorou muito para a TV Record ter em seu *casting* os mais consagrados intérpretes daquele momento, os mesmos que viriam a defender as músicas dos festivais.

De certa maneira, as músicas apresentadas no programa O Fino da Bossa seguiam alguns padrões estéticos dos festivais, embora, com relação às características musicais, todos os estilos nacionais poderiam figurar no movimento. Entretanto, o contato semanal do público com seus artistas favoritos acarretou uma popularização jamais experimentada pelos jovens representantes da música, especialmente os frequentadores do Fino da Bossa e da Jovem Guarda.

Foi justamente o repertório veiculado no Fino da Bossa que recebeu a alcunha de "moderna MPB" (Napolitano, 2010b, p. 68), uma música nacionalista, engajada e com uma performance cênica que remetia à ideia de comício.

Antes de prosseguirmos com nossas considerações, precisamos compreender a complexidade do termo *moderno* e de seus derivados nos estudos sobre a cultura. Para Tinhorão (1998, p. 325), a ideia de modernização, na época do regime militar, está atrelada ao "modelo importador de pacotes tecnológicos prontos para serem montados no país". Na música, tais "pacotes" recebem o nome dos gêneros musicais que estão em alta no mercado fonográfico mundial, sobretudo nos Estados Unidos. Em outras palavras, a modernização da música consiste na absorção dos estilos e gêneros musicais presentes no *mainstream*[1] de cada momento.

Na virada da década de 1950, o desejo de modernização da canção brasileira culminou no surgimento da bossa nova. Entretanto, em meados dos anos 1960, esse gênero era compreendido como música brasileira "moderna" mais fora do Brasil do que dentro. Para o mercado interno e os compositores que sustentavam a ideia de "linha evolutiva", era preciso seguir com a modernização da música que se fazia no Brasil. Assim, a "moderna MPB" acabou assumindo esse papel, configurando-se como um produto inédito capaz de promover o diálogo entre a tradição do samba e outros estilos musicais, brasileiros ou não (Poletto, 2010).

Por todas essas características, a MPB é mais bem definida pelos seus cânones do que por aspectos musicais recorrentes. Dando sequência aos estudos, vamos tratar de alguns artistas que se enquadram nesse gênero.

Dois personagens foram fundamentais para consolidar a moderna MPB na década de 1960: Tom Jobim (1927-1994) e Chico Buarque (1944-). Segundo Poletto (2010), Tom Jobim colaborou significativamente para sedimentar uma concepção estética da música popular, angariando outros musicistas afeitos às suas ideias. O compositor contribuiu para reflexões a respeito de determinados aspectos musicais, como forma, harmonia, melodia, arranjo e interpretação. De certo modo, Jobim estabeleceu um marco paradigmático para a música que se concebia naquele momento (Poletto,

...
1   O termo *mainstream* é utilizado para se referir à corrente cultural predominante de determinada época e/ou lugar.

2010) ao difundir o estilo interpretativo lançado por João Gilberto em um repertório comercialmente bem-sucedido. Por essa razão, autores como Poletto (2010, p. 41) consideram Tom Jobim como o "papa da música brasileira moderna".

Chico Buarque ingressou no curso de Arquitetura da Universidade de São Paulo (USP) em 1963, aos 19 anos, e no ano seguinte começou a participar de movimentos estudantis, em virtude do golpe militar, além de se apresentar no circuito de *shows* realizados em diferentes universidades. Contudo, seu reconhecimento nacional decorreu de suas aparições nos festivais da TV Record. O primeiro lugar de "A banda", interpretada no festival de 1966, rapidamente fez crescer sua popularidade, de tal modo que no dia seguinte à apresentação de sua música, "pelo menos Rio e São Paulo inteiros cantavam *A Banda*" (Zappa, 2011, p. 137). Assim, a imagem de jovem e talentoso compositor se tornava um modelo para os participantes dos festivais.

As canções de Chico Buarque tratam de temas bastante variados. Em algumas delas, como "Cotidiano", "Valsinha" e "Deixe a menina", são retratadas cenas cotidianas. Em outras, a representação do universo feminino da época está em foco, como em "Olhos nos olhos", que relata o caso de uma mulher que, ao se separar, ficaria "bem demais", ao contrário do que a sociedade conservadora esperava do comportamento feminino. A figura do malandro, do boêmio, também está presente em sua obra em músicas como "Vai trabalhar vagabundo" e "A volta do malandro".

O compromisso e a habilidade de Chico em demonstrar e retratar a sociedade brasileira não lhe permitia se calar frente ao descontentamento da classe artística e estudantil com a ditadura militar. Nessa ótica, canções como "Apesar de você", "Cálice", "Meu caro amigo", "O que será (a flor da terra)", "Samba de Orly" e "Roda viva" eram entoadas como hinos pela juventude que se opunha ao regime, o que levou muitas de suas composições a serem vetadas pela censura instituída pelo AI-5 de 1968, além de terem feito o artista ser alvo de perseguição política.

Nesse contexto, em janeiro de 1969, ele e sua então esposa Marieta Severo foram à Europa para passar um mês na Itália, mas acabaram estendendo a estadia por mais de um ano, por motivos de segurança (Pombo; Martino, 2020). Chico Buarque foi um dos artistas que se autoexilou após o AI-5, assim como Caetano Veloso, Gilberto Gil e tantos outros.

Caetano e Gil, a propósito, fazem parte do cânone de artistas pertencentes à MPB. As influências musicais de ambos passam pela música tradicional brasileira, com uma especial referência à cultura nordestina, mas também absorvem elementos estrangeiros, sobretudo aqueles que, conforme Favaretto (2000), já teriam passado pelos filtros da indústria cultural. Como vimos, isso se explica pela participação dos dois compositores e intérpretes no fesival de 1967. Parte da imprensa, resistente a enquadrar as canções "Domingo no parque" e "Alegria, alegria" na categoria de música popular brasileira moderna, acabou encontrando um novo termo para nomear a fusão entre a tradição musical do país e as expressões estrangeiras como o *rock: tropicalismo* (Favaretto, 2000). Ambos, Caetano Veloso e Gilberto Gil, absorveram a denominação e passaram a empunhar a bandeira do tropicalismo, traçando uma história à parte da MPB, à qual se juntariam Tom Zé, Os Mutantes, Gal Costa, o maestro Rogério Duprat, entre outros artistas.

Ainda nesse cânone, figuram compositores como Vinicius de Moraes, Edu Lobo e Geraldo Vandré, que eram destaques desde os primeiros festivais. Em seguida, uniram-se a eles Paulinho da

Viola, Capinan, Francis Hime, Dorival Caymmi, Nelson Mota, Milton Nascimento e Renato Teixeira. Alguns eram somente compositores, outros apenas letristas, mas a maior parte dos artistas eram compositores e intérpretes – o que também é uma característica marcante da MPB.

Entre os intérpretes, além das grandes referências iniciais do movimento, Elis Regina e Jair Rodrigues, juntaram-se a eles Nara Leão – tida como modelo interpretativo da bossa nova –, Elza Soares – herdeira legítima das tradições do samba do morro –, além do grupo vocal MPB4 – a partir de sua participação brilhante na canção "Roda viva", no Festival da Record de 1967 –, bem como de Clara Nunes, Os Novos Baianos, Quarteto em Cy, entre tantos outros.

Até mesmo Roberto Carlos, representante mais adorado da Jovem Guarda, transitou pelo circuito dos festivais cantando MPB. Apesar disso, sobretudo na época desse movimento, a figura do cantor será mais bem inserida no contexto que abordaremos a seguir.

6.2 O *rock* no Brasil e suas tensões com a tradição

O *rock* é um gênero musical com diversos desdobramentos. Em sua origem, por volta do início da década de 1950, nos Estados Unidos, teve como principal representante o compositor e intérprete Chuck Berry, autor de canções como "Rock and Roll Music" e "Johnny B. Goode", e em seguida, Elvis Presley (Junqueira, 2021), que se tornaria figura central na popularização do novo gênero. Mas foi a banda Bill Halley and His Comets que, em 1954, daria à canção "Rock Around the Clock", composta por Max Freedman e James Myers, em 1952, uma atmosfera dançante que conquistou rapidamente o público jovem. A versão de Bill Halley viajou o mundo com a ajuda do cinema, como conta Danilo Fraga Dantas em sua dissertação:

> Tudo começou em uma sala escura de cinema. Em outubro de 1955, alguém ligou o projetor e fez-se luz e som. Na tela, o professor Richard Dadier (Glenn Ford) enfrenta uma turma de alunos rebeldes ao som de um tipo de música estranha, que tinha algo de blues, de jazz e country, mas que parecia uma coisa totalmente nova. O filme se chamava *Sementes da violência* (Richard Brooks, 1955) e a canção estranha tocava apenas na abertura e nos créditos finais do filme. Mas isso foi o suficiente para que *Rock around the clock*, do grupo americano *Bill Haley and his Commets*, fizesse o rock ser ouvido pela primeira vez no Brasil e em muitos outros países. (Dantas, 2007, p. 36)

Esse foi o marco inicial dessa pequena história do *rock* nacional, que visa trazer um panorama geral dos fatos importantes e dos principais personagens, bem como de suas motivações e inspirações.

6.2.1 A reprodução do *rock and roll*

O impacto da música que tocava apenas no início e no final do filme *Rock around the clock* em outubro de 1955 foi tanto na juventude que, no mesmo mês, Nora Ney, uma das rainhas do rádio (Dantas, 2007), lançou um compacto com a sua interpretação dela. A gravação, ainda em inglês, rapidamente atingiu o primeiro lugar nas rádios e, em novembro, Heleninha Silveira, outra cantora premiada da época, gravou a versão em português da canção, intitulada "Ronda das horas".

> **Pausa para escuta**
>
> Aponte a câmera do celular para o QR Code ao lado e escute "Ronda das horas", interpretada por Heleninha Silveira, em 1955.

A metade da década de 1950, como destacamos no capítulo anterior, foi um período conturbado na política. Ao mesmo tempo, vimos que havia se tornado muito mais fácil o acesso ao produto cultural estrangeiro. Um desses produtos, alvo de intensa crítica dos nacionalistas, era justamente esse *rock and roll* que ia conquistando a juventude brasileira.

O cinema foi fundamental para a difusão do novo gênero musical norte-americano. Em 1956, o filme *Rock around the clock*, homônimo da música, trazia novamente Bill Halley and His Comets, além de The Platters, Tony Martinez, Freddie Bell, Allan Freed, entre outros intérpretes que haviam aderido ao movimento (Garson, 2016). Mas o cinema teve a capacidade de mostrar muito mais que os aspectos musicais. O *rock and roll* era também um ritmo animado para dançar aos pares e, além disso, as telonas puderam mostrar que havia uma atitude vinculada àquela música – a liberdade de movimentos e de comportamento própria daquela juventude que se deixava levar pelo embalo do *rock*. Em 1957, seria a vez do jovem Elvis Presley, com seu estilo irreverente de dançar e sua voz marcante, chegar ao Brasil com o filme *Love me tender*, exibido no país com o título *Ama-me com ternura* (Dantas, 2007).

> **Pausa para escuta**
>
> Aponte a câmera do celular para o QR Code ao lado para assistir ao filme *Ama-me com ternura*, de 1956.

Cauby Peixoto, último grande cantor revelado na era do rádio (Dantas, 2007) foi o intérprete do primeiro *rock* composto no Brasil. Em março de 1957, lançou, pela RCA, a música "*Rock and Roll* em Copacabana". Mas havia ainda, segundo Dantas (2007), uma diferença significativa entre as interpretações de cantores de *rock* dos Estados Unidos, como Elvis Presley e Chuck Berry, e os intérpretes do rádio brasileiro, acostumados a cantar sambas e boleros.

> **Pausa para escuta**
>
> Aponte a câmera do celular para o QR Code ao lado para escutar "*Rock and Roll* em Copacabana", interpretada por Cauby Peixoto, em 1957.

A identificação do público jovem do Brasil com o *rock* produzido dentro do país viria a partir de 1958 com o surgimento de jovens cantores que, por terem consumido muito desse estilo nas rádios e na TV, dedicaram a sua carreira ao *rock*. Desse grupo de intérpretes, podemos citar Tony Campello, Ronnie Cord, Sônia Delfino, Demétrius, George Freedman, Wilson Miranda, Albert Pavão, entre outros, mas ainda com destaque especial para Sérgio Murilo e Celly Campello, que foram eleitos, em 1960 "o rei e a rainha do *rock* no Brasil" pelos leitores da *Revista do rock* (Dantas, 2007, p. 41). Celly, aliás, intérprete do sucesso "Estúpido cupido", começou sua carreira aos 15 anos de idade e pode ser considerada a primeira estrela do *rock* brasileiro, apresentando programas em rádio e televisão com tamanho sucesso que uma linha de bonecas foi lançada com seu nome (Dantas, 2007).

Essa primeira fase do *rock* nacional é basicamente uma reprodução do gênero norte-americano. As cantoras e os cantores eram os protagonistas das produções, embora conjuntos musicais tivessem sido formados para acompanhá-los. Um deles era o The Clevers, que mais tarde se tornaria um dos protagonistas da Jovem Guarda, com o nome Os Incríveis.

6.2.2 Do iê-iê-iê à Jovem Guarda

O crescente mercado para cantores em programas de rádio, TV e gravadoras atraía jovens de todo o país para a cidade do Rio de Janeiro no final dos anos 1950. Um deles, Roberto Carlos Braga, de Cachoeiro do Itapemirim, cidade do interior do Espírito Santo, foi para lá em busca dessas oportunidades. Em 1957, Roberto Carlos é apresentado à Turma do Matoso que reunia jovens adeptos ao movimento do *rock and roll*, entre eles Erasmo Carlos e Tim Maia (Dantas, 2007), com os quais montaria a banda The Sputniks, interpretando sucessos do gênero musical norte-americano.

Em 1958, a banda The Sputniks se apresentou no programa Clube do Rock, apresentado por Carlos Imperial, na TV Tupi (Silva, 2008). Uma semana depois, Roberto Carlos fez sua apresentação solo no mesmo programa, apresentado por Imperial como o "Elvis Presley Brasileiro" (Dantas, 2007, p. 45).

Mas o final da década de 1950 apontava para certa diluição da efervescência do *rock* em âmbito mundial, como observa Dantas (2007, p. 44):

Em 59 já não restava quase nada da primeira geração de roqueiros norte-americanos: Elvis Presley (*King creole*, 1958) havia se alistado no exército para lutar na guerra da Coréia, Jerry Lee Lewis (*Jerry Lee Lewis*, 1957) estava afastado das paradas de sucesso depois do escândalo envolvendo seu casamento com uma garota de 13 anos e não lançava um disco desde 57, Chuck Berry (*Berry is on top*, 1959) estava preso sob a acusação de usar garotas menores de idade em sua casa noturna, Little Richard (*Pray along with Little Richard*, 1959) havia deixado o rock de lado para seguir a carreira religiosa, Buddy Holly (*The Buddy Holly story*, 1959) e Richie Valens (*Ritchie Valens*, 1959) morreram em um acidente com o avião que transportava os músicos de suas turnês e, enfim, Johnny Cash (*Johnny Cash sings Hank Williams*, 1960) se dedicava cada vez mais à sua relação com a música country.

Essa aparente derrocada do *rock* no cenário mundial fez com que o setor cultural segurasse os investimentos no gênero. Os jovens da Turma do Matoso viram seus planos momentaneamente frustrados. Tim Maia se mudou para os Estados Unidos, enquanto Roberto Carlos ficou e investiu em interpretações de variados gêneros musicais.

Mas em 1963 o *rock* mundial ganhou o fôlego que necessitava para sua subsistência: o fenômeno The Beatles, com seu álbum *Please please me*, que apresentava faixas com o já tradicional ritmo do *rock and roll* estadunidense, mas também variações que pareciam inéditas, além de contar com uma última faixa de potencial catártico inigualável até então, "Twist and shout".

Inspirados nessa nova estética do *rock* vinda da Inglaterra, Roberto Carlos e Erasmo Carlos compuseram seus primeiros sucessos, com os álbuns *Splish Splash* (1963) e *Pescaria* (1964).

Rapidamente, o novo estilo musical passaria a se chamar *iê-iê-iê*, que seria uma "corruptela do ornamento vocal *beatle*" (Napolitano, 2010b, p. 72).

Em 1965, a TV Record perdera o direito de transmissão do Campeonato Paulista de Futebol e, para preencher o horário vago das tardes de domingo, a emissora apostou no sucesso do iê-iê-iê entre os jovens.

> Roberto [Carlos] havia sido contratado no início de agosto e nessa tarde [de 22 de agosto, estreia do programa Jovem Guarda] estavam com ele Tony Campelo, Roni Cord, Rosemary, os grupos Jet Blacks, The Rebels, Os Incríveis e seus dois companheiros na apresentação, o parceiro Erasmo Carlos, o "Tremendão", e a "Ternurinha" Wanderléa. (Mello, 2003, p. 114)

A dinâmica do programa Jovem Guarda era similar ao Fino da Bossa, apresentado por Elis Regina e Jair Rodrigues: realizado em auditório, com a presença de público que interagia com as apresentações ao vivo. Roberto, Erasmo e Wanderléa traziam novos artistas do iê-iê-iê e os promoviam. Entre eles, estavam Eduardo Araújo, Renato e os Blue Caps, Wanderley Cardoso, Leno e Lilian, Os Incríveis, Rosemary, Martinha e Deni e Dino. Com isso, o nome do programa também passou a se referir ao movimento que ali se formava.

Pausa para escuta

Aponte a câmera do celular para o QR Code ao lado para assistir a cenas do programa Jovem Guarda, de 1966.

O programa Jovem Guarda rapidamente se tornou um sucesso e, no início de 1966, sua audiência superava a do programa O Fino da Bossa, preocupando a parcela da juventude que, ao valorizar a MPB, apostava na música como meio legítimo e pacífico de se manifestar contra o regime militar da época. Para eles, o movimento da Jovem Guarda era alienante e, por isso, servia aos objetivos dos militares, como aponta Napolitano (2010b, p. 72): "O movimento Jovem Guarda era relacionado aos efeitos de 'entreguismo' cultural e 'alienação' política no seio da juventude e, neste sentido, a ponta de lança dos militares na guerrilha cultural que o país parecia vivenciar".

Além das críticas que recebia por parte da juventude mais comprometida com questões políticas e sociais, a Jovem Guarda tinha, de acordo com Tatit, uma característica efêmera, pois o período de identificação entre público e artistas era curto (Dantas, 2007). Ao envelhecer, acabaria não fazendo sentido mais cantar cações que falavam de "festas de arromba" com conquistas de "brotos" e temas similares. Nessa esteira, o principal ícone do movimento, Roberto Carlos, deixou o programa da RV Record em 1968 e tratou de dar outro rumo à carreira, tornando-se o "rei" da música romântica do Brasil.

6.2.3 Do tropicalismo aos Mutantes

Quando tratamos dos festivais no capítulo anterior, mencionamos a passeata de 1967 contra a influência estrangeira na música popular brasileira. Possivelmente o crescimento da Jovem Guarda tenha sido um dos motivadores da manifestação. Gilberto Gil era um dos participantes dessa passeata e, contraditoriamente, no Festival da MPB daquele ano, a exemplo de Caetano Veloso, promoveu a inserção de elementos do *rock* na música popular brasileira. Contraditório ou não, Sérgio Cabral, um dos jurados daquele Festival, conta que, quando soube da presença de grupos de *rock* na grande final, foi inicialmente contra e propenso deixar que isso afetasse seu julgamento. Porém, ao ouvir as apresentações mudou de ideia, dizendo que "a estética venceu as minhas velhas convicções, porque as músicas eram maravilhosas"(Uma Noite em 67, 2010). Entre os desbramentos desse episódio de resistência e posterior aceitação para a histôra do *rock* nacional, destacamos a revelação para o grande público de uma banda que seria a inspiração para toda uma geração: Os Mutantes.

Entre 1968 e 1970, a banda formada por Rita Lee, Arnaldo Baptista e Sérgio Dias lançou três LPs, um por ano, os quais determinaram padrões estéticos e midiáticos do *rock* brasileiro daquele momento: *Os Mutantes* (1968), *Mutantes* (1969) e *A divina comédia ou ando meio desligado* (1970)(Dantas, 2007).

É importante percebermos que até mesmo essa expressão mais despojada do *rock* que utiliza amplificadores valvulados para distorcer o som da guitarra, com mais liberdade para criação de *riffs* e expansão da harmonia, que se expressa para além das possibilidades musicais com suas *performances* cênicas, tem a influência de novas tendências mundiais. Em 1967, os Beatles lançaram o álbum *Sgt. Pepper's Lonely Hearts Club Band*, um marco do *rock* psicodélico. Além disso, na mesma época, surgiam artistas como Jimi Hendrix, Janis Joplin e Bob Dylan, que revolucionaram também o *rock* dos Estados Unidos e ganharam projeção mundial após o Festival de Woodstock, em 1969.

> **Pausa para escuta**
>
> Aponte a câmera do celular para o QR Code ao lado para assistir à apresentação ao vivo dos Mutantes no programa francês Panis et Circenses, em 1969.

Embora Os Mutantes sejam vinculados ao tropicalismo, sua proposta musical revelava um caminho distinto dos outros tropicalistas, como observa Dantas (2007, p. 77, grifos do original):

> Enquanto Caetano Veloso, Gilberto Gil, Tom Zé (*Tom Zé*, 1968), Gal Costa (*Gal Costa*, 1968), Nara Leão (*Nara Leão*, 1968), os poetas Capinam e Torquato Neto e os demais tropicalistas buscavam no rock uma maneira de modernizar a MPB, Os Mutantes buscavam na música popular brasileira uma nova maneira de se fazer rock brasileiro – enquanto nos Mutantes a mistura é efetuada a partir do rock and roll, nas músicas tropicalistas o rock and roll é apenas mais um elemento da mistura.

Portanto, diferentemente dos primeiros intérpretes de *rock and roll* brasileiro dos anos 1950 e 1960 – que reproduziam as músicas de Bill Halley e sua trupe – e da Jovem Guarda, que se inspirava na primeira fase dos *Beatles*, os Mutantes partiram de elementos do *rock* psicodélico e inseriram em seu trabalho elementos da música brasileira. Esse foi o parâmetro estético de bandas e intérpretes que surgiriam na década de 1970, como Secos e Molhados, Raul Seixas e a banda Tutti Frutti, liderada por Rita Lee, após sua saída dos Mutantes em 1972.

6.2.4 A década de 1980

No fim da década de 1970, as bandas brasileiras já eram influenciadas pelo *rock* progressivo dos Estados Unidos, embora já com menos participação no mercado fonográfico que no início da década.

Somente nos anos 1980 é que o *rock* nacional emerge com força, impulsionado pelo *punk rock* inglês e seu movimento de contracultura, representado por bandas como Ramones, Sex Pistols e The Clash.

Podemos compreender a existência de duas fases distintas do *rock* nos anos 1980, de acordo com Groppo (2013). A primeira delas, compreendida entre 1983 e 1985, com o epicentro no Rio de Janeiro, caracteriza-se pela contratação de bandas por grandes gravadoras, ainda que timidamente, pois havia dúvidas sobre seu retorno financeiro – fato que motivou a opção pelo lançamento de discos compactos, com poucas faixas. Essas bandas traziam um *rock* de estilo mais leve, alegre e vestido de cores vivas, denominado *new wave* brasileira. Bandas como Blitz, Metrô, Kid Abelha, Rádio Táxi, Barão Vermelho e Paralamas do Sucesso representavam o movimento que tinha o Circo Voador como espaço para apresentações e a Rádio Fluminense como veículo de divulgação do movimento.

> **Pausa para escuta**
>
> Aponte a câmera do celular para o QR Code ao lado para assistir à banda Barão Vermelho interpretando "Bete balanço" ao vivo no Circo Voador, em 1984.

A segunda fase, entre os anos de 1985 a 1987, pode ser considerada como o momento de consolidação do *rock* nacional. A época marcava o fim do regime militar com a posse do presidente José Sarney em 1985 e a retomada da democracia e o Estado de direito. Diferentemente da fase anterior, essa ocorreu, basicamente, entre São Paulo e Distrito Federal e teve influência mais evidente do *punk rock*. Os destaques ficam por conta dos Titãs e IRA!, de São Paulo, e Legião Urbana, Plebe Rude e Capital Inicial, de Brasília. Com letras repletas de aguçadas críticas sociais, as bandas de *rock* desse período representavam os anseios da juventude, razão pela qual também despertaram o interesse da indústria fonográfica.

Há que se destacar também nesse período o caso da banda RPM, que, com *shows* utilizando equipamentos de áudio e iluminação avançados para a época, conseguiu realizar turnês com milhões de fãs presentes e estabelecer o recorde de vendas de LPs.

Pausa para escuta

Aponte a câmera do celular para o QR Code ao lado para assistir à apresentação ao vivo da banda RPM interpretando a música "Rádio pirata", em 1986.

O movimento dos anos 1980 foi tão significativo que as bandas da época são consideradas como ícones do *rock* nacional até a atualidade. Algumas delas já não se encontram mais em atividade mas muitas dessas bandas continuam atuando e, embora mantenham suas raízes no *rock*, experimentaram outras vertentes da música *pop*, como o *reggae* e o *funk*, por exemplo. E ainda há aquelas que, como Barão Vermelho, mesmo sem seu primeiro vocalista, Cazuza, falecido em 1990, continuam fazendo *o bom e velho rock and roll*, como se diz no jargão dos roqueiros.

6.3 A música instrumental brasileira: da tradição do choro à vanguarda do *jazz* nacional

De maneira geral, a música instrumental poderia ser compreendida como aquela produzida apenas por instrumentos musicais, ou seja, sem o uso de voz. Porém, Hermeto Pascoal prova que é possível usar a voz como instrumento e, portanto, seria melhor compreender a música instrumental como aquela sem texto cantado. Nesse amplo espectro se compreende toda a tradição europeia da música de concerto, que, a exemplo de outras manifestações musicais de projeção global, encontrou também sua maneira brasileira de ser. No entanto, o objeto do estudo aqui contido será a música instrumental vinculada à indústria fonográfica e a sua afirmação entre as décadas de 1970 e 1980. Nesse sentido, trataremos do ressurgimento do choro como gênero musical brasileiro, que, como vimos, surgiu ainda no século XIX como uma prática musical mais virtuosística e aceitável pela sociedade. Ainda, vamos analisar um gênero internacional que, apesar de refutado pelos nacionalistas em meados do século XX, experimentou sua consolidação no Brasil a partir dos anos 1970.

As tensões entre esses dois gêneros e o mercado fonográfico são fatores importantes para compreendermos o cenário da produção musical do século XX no Brasil.

6.3.1 O choro como resistência aos estrangeirismos na década de 1970

Na década de 1970, como vimos, havia uma profusão de bandas de *rock* no Brasil, desde aquelas que seguiam tendências psicodélicas às bandas de *rock* progressivo. Embora alguns artistas – como Jorge Bem, Jards Macalé e Wilson Simonal – tivessem obtido sucesso com o samba-*rock*, as correntes tradicionalistas da cultura nacional seguiam pressionando pela preservação da tradição musical brasileira. Nesse sentido, a partir de 1973, iniciou-se um movimento que ficou conhecido por "renascimento" ou "revitalização" do choro (Valente, 2014, p. 77), com o objetivo de preservar essa manifestação musical da suposta invasão estrangeira que, naquela época, já não era apenas protagonizada pelo *rock*, mas também pela música *pop*. Rezende (2015) refuta o termo *renascimento* pois, segundo ele, o choro não estava morto antes da década de 1970, mas, sim, esquecido. Por essa razão, e concordando com o autor, adotaremos *revitalização* como termo mais adequado para o período.

O marco inicial dessa retomada do choro foi um evento conhecido por Sarau – *show* apresentado por Paulinho da Viola, acompanhado pelo conjunto Época de Ouro (Rezende, 2015). Os idealizadores do espetáculo foram o próprio Paulinho da Viola e o jornalista Sérgio Cabral, aquele mesmo que refutou e depois reverenciou as guitarras elétricas em 1967. O objetivo do evento era quase que educativo: apresentar o choro tradicional do Rio de Janeiro às novas gerações. Ao mesmo tempo, também em meados da década de 1970, o programa O Choro das Sextas-Feiras, da TV Cultura, também veiculava a tradição do choro em rede nacional com intuito de que o gênero atingisse um público renovado (Sousa, 2009).

A partir de 1975, começam a surgir clubes de choro que promoviam desde aulas até eventos diversos, como reuniões, rodas de choro, *shows* e festivais (Valente, 2014). O primeiro a ser criado foi o Clube do Choro do Rio de Janeiro, cujos fundadores foram músicos como Paulinho da Viola, Abel Ferreira, Radamés Gnatalli, Altamiro Carrilho, entre outros, além do jornalista Sérgio Cabral. Em 1976, foram fundados os clubes do choro de Brasília e de Recife e, no ano seguinte, surgiram os de São Paulo e de Salvador (Valente, 2014).

O surgimento de clubes de choro por todo o país proporcionou espaços para apresentação de novos grupos, apreciação e iniciação ao choro. Isso foi determinante para que se estabelecese uma nova geração de "chorões", entre eles: Fina Flor do Samba, Anjos da Madrugada, Os Carioquinhas, Galo Preto e outros (Valente, 2014).

Proliferam-se *shows*, cursos, rodas de choro, encontros e festivais. Só no Rio de Janeiro foram três Festivais de músicas inéditos naquele final de década e outros dois em São Paulo, promovidos pela TV Bandeirantes. Outra iniciativa importante para o movimento foi o Projeto Pixinguinha, criado pela Funarte em 1977, que realizou diversas turnês pelo Brasil de grupos musicais representantes de gêneros musicais brasileiros. A primeira dessas turnês foi do grupo de choro Atlântico, que ajudou, de acordo com Sousa (2009, p. 33), "a divulgar o choro por todo o país, arrebanhando novos adeptos para o gênero".

Pausa para escuta

Aponte a câmera do celular para o QR Code ao lado para assistir ao vídeo institucional do Projeto Pixinguinha, elaborado pela Fundação Nacional de Artes (Funarte).

A "revitalização" do choro ocorreu em um momento em que o samba estava em declínio na indústria fonográfica. O choro ressurge então comercialmente e acaba ocupando essa lacuna no mercado, com o lançamento de LPs de Abel Ferreira, Altamiro Carrilho, Raul de Barros, Canhoto da Paraíba, entre outros intérpretes e compositores, além dos discos contendo as músicas dos festivais promovidos pelos clubes do choro (Valente, 2014). O momento também permitiu o relançamento de choros antigos, ajudando a aquecer o mercado e reposicionando o gênero nos veículos de comunicação.

Embora esses novos impulsos tenham trazido o choro novamente aos veículos midiáticos, a revitalização ocorreu muito mais no sentido de trazer novas personagens e obras à história do choro do que nos seus aspectos estruturais. A formação tradicional do choro regional é mantida até a atualidade, bem como a forma rondó, com suas variações para tonalidades vizinhas e homônimas. Assim sendo, podemos compreender o ressurgimento do choro na década de 1970 mais como um impulso eficiente de gênero no cenário musical do que uma renovação estética (Valente, 2014).

6.3.2 O nascimento de um *jazz* brasileiro

Podemos traçar um paralelo entre o surgimento do *jazz* brasileiro e o do *rock* nacional. Mas apesar de ambos tratarem de adaptações dos gêneros para os padrões brasileiros, a época em que os processos aconteceram, suas durações e seus contextos são completamente diversos.

O diálogo entre o *jazz* e a música brasileira vêm de longa data. Em 1922, Pixinguinha e seu grupo "Oito Batutas" foram a Paris para apresentações de choro e lá tiveram contato com músicos de *jazz* por seis meses. Ao voltar, Pixinguinha passou a tocar saxofone e o grupo, que também trocou a percussão por bateria, passou a se chamar Bi-orquestra Os Batutas: grupo de choro e *jazz band* ao mesmo tempo (Bastos; Piedade, 2006).

A influência das *jazz bands* francesas nas formações brasileiras ocorreu desde os Oito Batutas pelo protagonismo dos sopros, diferentemente do que se via nas formações americanas que, por vezes, tinham as cordas como protagonistas. Em termos de repertório, as "*jazz bands* brasileiras tocavam marchas, emboladas, maxixes, choros e músicas latino e norte-americanas com uma linguagem de orquestração de *jazz*" (Bastos; Piedade, 2006, p. 933). Portanto, a aproximação do gênero de origem norte-americana com a cultura brasileira é evidente nos primeiros conjuntos de *jazz* do país, entre os quais é preciso citar também a Orquestra Tabajara, criada na década de 1930.

Porém, nos anos 1950, constatamos uma massiva proliferação de produtos culturais dos Estados Unidos, inclusive do *jazz* norte-americano, por todo o mundo. Era este, e não o *jazz* dos Oito Batutas ou da Orquestra Tabajara, o alvo das críticas dos nacionalistas. A "Influência do *jazz*", que Carlos Lyra criticou na canção homônima da década de 1960, referia-se, portanto, àquela vinda da música norte-americana.

As vertentes nacionalistas da música popular brasileira, sobretudo nos anos 1950 e 1960, foram, de fato, um entrave para aqueles músicos que gostariam de se expressar por meio do *jazz*. Porém, durante o movimento da Bossa Nova, muitos conjuntos surgiram para acompanhar esse tipo de música, como Zimbo Trio, Tamba Trio, Milton Jongo Trio, Banana Trio, Sambalanço, Quarteto Novo – banda de Hermeto Pascoal – entre outros (Bastos; Piedade, 2006);

e a influência do *jazz* norte-americano era evidente em suas *performances*. Os músicos integrantes desse grupo foram fundamentais para a retomada do *jazz* brasileiro após a dissipação do movimento da Bossa Nova e sua contribuição para o estabelecimento da MPB.

A partir da década de 1970, com rádio, TV e cinema promovendo cada vez mais a cultura global, a música instrumental brasileira encontra a oportunidade de emergir. Dessa vez com formações menores que as antigas orquestras de *jazz* e com muito mais influência da música norte-americana do que da francesa. Podemos definir o *jazz* brasileiro dessa fase como uma música de caráter improvisativo, que mistura as características do *jazz* norte-americano com a inflexão melódica e os ritmos brasileiros. Por essa razão, e também pelos musicistas que integraram esse movimento, podemos afirmar que o *jazz* dos anos 1920 a 1940 tinha relação direta com o choro, e o novo movimento iniciado nos anos 1970 tem mais proximidade com a Bossa Nova (Bastos; Piedade, 2006).

Entre os nomes mais influentes do *jazz* nacional, podemos destacar, no início, Airto Moreira, Eumir Deodato, Flora Purim e Oscar Castro Neves – músicos brasileiros que viviam nos Estados Unidos. Em seguida, surgem Hermeto Pascoal, Egberto Gismonti e Nelson Ayres, todos com a capacidade notável de transitar entre a música popular brasileira, a música instrumental dos festivais de *jazz* e as livres experimentações.

Na década de 1980, o *jazz* brasileiro passa a ser reconhecido no circuito internacional, principalmente com Hermeto Pascoal e Egberto Gismonti, que se tornaram as grandes referências no gênero (Bastos; Piedade, 2006).

6.4 Do caipira ao sertanejo

O termo *sertanejo* deriva de *sertão* – termo utilizado para designar locais situados longe da costa, no interior. Já a palavra *caipira* vem do tupi *caapora*, que significa *morador do mato*. Apesar de terem significados aparentemente semelhantes, na prática, apresentam distinções. O sertão é comumente compreendido como uma região de clima árido, no interior da Região Nordeste, com pouca água e aspecto desértico. De acordo com Dias (2014), até a década de 1930, o termo *sertanejo*, na música, esteve essencialmente vinculado ao universo cultural nordestino.

A linha do tempo que iremos analisar neste momento traz o percurso da música caipira que em seguidos processos de ressignificação e urbanização se transformou e deu origem a um novo gênero: a música sertaneja que, apesar do nome, encontra seus fundamentos distantes daquela cultura do sertão nordestino. As histórias da música caipira e da música sertaneja, como gênero comercial contemporâneo, começam no mesmo lugar: no mato.

6.4.1 A música caipira

Você já deve ter percebido que parte significativa dos gêneros musicais abordados pela história da música popular brasileira são aqueles que alcançaram projeção no ambiente urbano. Manifestações do campo ou do sertão acabam se tornando objeto de estudo quando passam por um processo de urbanização, aumentando, assim, sua visibilidade entre o público consumidor, veículos de imprensa e intelectuais da área cultural, fazendo com que sua abrangência passe do local para o regional e, em alguns casos, até para o nacional.

A popularização do rádio foi essencial para essa nacionalização de culturas locais - fato que ocorreu com a música caipira a partir da década de 1920.

Mas a história da cultura caipira remonta a uma época bem mais remota. A colonização do interior do Brasil foi, sabidamente, um processo violento e cheio de incongruências. Apesar das motivações e dos métodos ilegítimos, hoje, distanciados por séculos do bandeirantismo, verificamos que essas incursões dos portugueses e seus descendentes pelo interior do sudeste, do sul e do centro-oeste do Brasil possibilitaram o contato de culturas distintas: a europeia e a indígena. Logo, novos hábitos, novas comidas, novas palavras, novas maneiras de falar e de se expressar musicalmente surgiram. Uma nova cultura, que não era mais chamada de *camponesa*, mas de *caipira*, nascia no interior do país (Vilela, 2011).

A música tem presença marcante no cotidiano dessa cultura e desempenha diversos papéis, tais como o fio condutor de ritos e festas religiosas, entretenimento nas modas de viola e nas danças, alento nos cantos de trabalho, além de ser elemento lúdico no ensino de conceitos e valores da sociedade por meio das cantigas de roda (Vilela, 2011). Nessa cultura musical que se formou, elementos portugueses e indígenas se fundiram quase que indissociavelmente. Porém, um dos elementos de destaque dessa música caipira, a viola, tem origem sabidamente europeia, da família dos alaúdes.

Além do som característico desse instrumento que, para se distinguir do instrumento homônimo da família dos violinos, é, muitas vezes, chamada de *viola caipira*, a sonoridade da música caipira tem na voz ao menos dois elementos bastante característicos: o canto agudo e anasalado, para que a voz alcance maior projeção, e o jeito de falar característico, que, de acordo como Vilela (2011, p. 50) é "uma fala dialetal", resquício da língua geral indígena, gramaticalizada pelos jesuítas no século XVI. Por essa razão, seria equivocado dizer que a fala ou o canto do caipira são repletos de erros.

Um personagem importante para a inserção da música caipira na indústria cultural é Cornélio Pires. Vindo do interior de São Paulo, apresentou em 1920, pela primeira vez, expressões musicais caipiras no Colégio Mackenzie. Com o reconhecimento do público, Cornélio abraçou a causa da divulgação da cultura caipira ao povo da cidade grande, promovendo artistas do campo e se tornando famoso como contador de causos. Ele viajava pelo interior paulista com sua trupe de artistas caipiras que se chamava A Turma Caipira de Cornélio Pires e logo se tornou uma celebridade.

> **Pausa para escuta**
>
> Aponte a câmera do celular para o QR Code ao lado para escutar "Mecê diz que vai casá", da Turma Caipira de Cornélio Pires.

Em 1929, após ter negada a proposta de gravar uma série de seis discos de música caipira pela gravadora Columbia, Cornélio emprestou dinheiro e pagou os custos de produção de seu projeto. Em seguida, vendeu pessoalmente as 30 mil cópias pelo interior de São Paulo e, para a surpresa de muitos, completou esse feito rapidamente (Vilela, 2011). Cornélio entrou em contato com a Columbia para uma nova tiragem. Logo, a coleção de seis discos passou para cinquenta e o número de cópias vendidas superou as 300 mil (Cornélio..., 2023).

A história de Cornélio Pires e sua contribuição para difusão da cultura caipira transcende a própria música e alcança o teatro, a literatura, o cinema, mas, principalmente, promove a reconstrução da figura do caipira que, a partir de então, deixa de lado o aspecto caricato e passa a ser compreendido e valorizado por toda a sociedade. Cornélio inseriu a cultura caipira no ambiente urbano e, com isso, possibilitou também a inserção do cotidiano da cidade na cultura caipira. Aliados ao sucesso de vendas de discos e da radiodifusão na década de 1930, esses fatos possibilitaram o surgimento da primeira geração da música caipira como gênero musical comercial. Duplas como Mariano e Caçula, Mandy e Sorocabinha e Zico Dias e Ferrinho foram as precursoras das duplas caipiras que mais tarde se tornariam as duplas sertanejas no mercado fonográfico. Mas também havia conjuntos como Caipirada Barretense e Os Parceiros, além de intérpretes solo como Arruda, João Negrão e Luizinho.

A maioria desses artistas vinha do ambiente rural, mas houve casos de intérpretes forjados no meio urbano que aderiram ao movimento caipira, como Raul Torres. Nas gravações de Torres com seu parceiro Serrinha, o instrumental extrapolava a estética da viola e incluía instrumentos de bandas e orquestras, além de acordeom e triângulo.

Podemos ainda citar outros artistas dessa primeira fase da música caipira que se estendeu até os anos 1940, como Jararaca e Ratinho, que também migraram do choro para a música caipira, Alvarenga e Ranchinho, Tonico e Tinoco, Tião Carreiro e Pardinho, além de outros que tiveram papel importante para a consolidação estética daquilo que Vilela (2011) chama de *primeira fase da música caipira*.

Os artistas que viriam a partir dos anos 1950 e aqueles que surgiram nas décadas anteriores foram responsáveis pelo surgimento de uma segunda fase da música caipira em que o gênero se firmou como um grande filão do mercado fonográfico e se teve a inserção de novos estilos musicais como a polca paraguaia e a guarânia. A canção "Índia", gravada por Cascatinha e Inhana em 1951, vendeu dois milhões e meio de cópias e é um exemplo do sucesso atrelado às novas concepções estéticas do gênero. O universo temático também passa a ter maior foco no interior, que, motivado por políticas públicas de incentivo à criação de gado, tem cada vez mais a figura do vaqueiro sobrepujando a do agricultor como protagonista das narrativas.

Viria ainda uma terceira fase na década de 1960, fruto da crescente influência da cultura norte-americana, marcada pelo surgimento de um novo personagem: o "vaqueiro da cidade" (Vilela, 2011, p. 99). Léo Canhoto e Robertinho foram pioneiros na utilização de instrumental de banda *pop*.

Embora duplas como Tião Carreiro e Pardinho e Tonico e Tinoco persistissem mais ligados às primeiras fases da música caipira, duplas como Milionário e José Rico, no início da década de 1970, aproximavam-se mais da realidade urbana que a do campo, utilizando instrumentação semelhante ao *country* norte-americano. Assim, o recorrente anseio por modernização da música popular se fez novamente presente e a música caipira desde então recebeu um novo nome ou selo comercial: *música sertaneja*.

6.4.2 A música sertaneja

Embora Milionário e José Rico tivessem surgido na década anterior, foi a partir dos anos 1980 que a música sertaneja começou a registrar os primeiros fenômenos de vendas. Uma profusão de canções românticas interpretadas por duplas como Chitãozinho e Xororó, Zezé de Camargo e Luciano, Leandro e Leonardo, João Paulo e Daniel, Jean e Giovani, entre outras, seria responsável por levar a música sertaneja, que teve sua origem no campo, a conquistar de vez o público do país inteiro (Zan, 2005).

O projeto de modernização da música caipira que cria a música sertaneja não esteve calcado exclusivamente na mudança da instrumentação relacionada à ascensão da música *pop*, que levou ao emprego de bateria, baixo elétrico, teclados e guitarra elétrica e de arranjos elaborados para atender à cultura de massa. A própria imagem das duplas sertanejas foi afetada por esse processo. O velho chapéu de palha do caipira que antes andava mal vestido dá lugar às roupas de grife e ao chapéu de *cowboy* (Zan, 2005), e o sertanejo passa a se parecer muito mais com uma pessoa bem sucedida do agronegócio do que com o humilde trabalhador rural.

Pausa para escuta

Aponte a câmera do celular para o QR Code ao lado para ouvir a canção "Bailão de peão", de Chitãozinho e Xororó, ao vivo, no *show* Amigos de 1995.

Essa se torna a fórmula de sucesso da música sertaneja de 1980 até a década seguinte – alinhada com os anseios do rádio, da TV e da indústria fonográfica, alcançando cada vez mais aceitação por diversas camadas da sociedade brasileira. Em meados dos anos 1990, o sertanejo era um dos gêneros musicais mais tocados. De acordo com o *site* da Novabrasil FM (2022), entre as cinco músicas mais tocadas daquela década, quatro eram sertanejas: "Evidências" de Chitãozinho e Xororó, "Pense em mim" e "Não aprendi dizer adeus" de Leandro e Leonardo, e "É o amor", de Zezé Di Camargo e Luciano. Nas casas noturnas, cujos nomes costumavam fazer referência ao ambiente do rodeio, os frequentadores eram jovens, na maioria solteiros, que aproveitavam a dança de par enlaçado para viver romances efêmeros como os das letras das canções que ouviam. Alguns deles se paramentavam com botas, calça *jeans*, cinto largo com cavalo gravado na fivela, chapéu de couro e uma camisa com a estampa do nome do grupo a que pertenciam. A moda *country*, que vestia as principais duplas sertanejas da época, passava a deter um importante potencial de mercado, explorado, inclusive, por alguns artistas como o cantor Sérgio Reis (Alonso, 2011).

As novas tendências da música sertaneja ajudaram a revitalizar a indústria fonográfica, que no fim dos anos 1980 registrava um forte declínio nas vendas de discos de *rock* nacional (Alonso, 2011). As vendas dos álbuns de *rock* passaram das centenas de milhares para as dezenas de milhares, ameaçando a sustentabilidade da indústria. Tal cenário foi revertido na virada de década de 1980 para 1990 com a explosão sertaneja liderada por Chitãozinho e Xororó, capaz de elevar os números para a casa dos milhões de cópias vendidas por LP. Segundo Alonso (2011), esse novo cenário de efervescência sertanejo, representante do agronegócio bem sucedido brasileiro, estendeu-se até 1994. A pirataria digital seria um dos motivos do esfriamento do sertanejo e da indústria fonográfica em geral.

Pouco a pouco essa onda foi perdendo a força, embora algumas duplas e casas noturnas tivessem se mantido para viver e ainda participar da segunda onda que estava por vir.

6.4.3 A segunda onda da música sertaneja

Em meados dos anos 2000, começaram a despontar uma série de artistas sertanejos que iriam atrair novamente o público jovem. Entre os nomes mais representativos desse período, podemos citar as duplas Victor e Leo, Maria Cecília e Rodolfo, João Bosco e Vinicius, Jorge e Matheus, Fernando e Sorocaba, Cesar Menotti e Fabiano, além dos solistas Michel Teló, Paula Fernandes, Luan Santana, entre outros (Requena, 2016). Esses artistas trazem em comum em suas obras a instrumentação da banda *pop* como base para o protagonismo da sanfona e do violão de cordas de aço, que lembra a viola muito mais no formato do que no som e na maneira de tocar. Além disso, a temática está ainda mais distante do campo e também da geração anterior de sertanejos. As músicas dessa nova onda falam do universo dos jovens da cidade, especialmente temas relacionados às festas frequentadas por eles.

Pausa para escuta

Aponte a câmera do celular para o QR Code ao lado para escutar "Fada", de Victor e Leo, um dos primeiros sucessos da dupla.

Essa nova onda recebeu o nome de *sertanejo universitário*, embora não fosse esse o meio em que a música era veiculada. As casas noturnas, os grandes *shows*, esses sim eram frequentados, em parte, pelo público universitário. De acordo com Requena (2016), o rótulo *universitário* não é exclusividade do gênero sertanejo – ela também foi utilizada para o pagode, para o axé e para o forró. Esse conceito não define parâmetros estéticos, apenas se configura como uma "uma nova embalagem dada a esse gênero quase secular" (Requena, 2016, p. 18), que, no caso da música sertaneja, "permitiu que uma parcela nova do público urbano pudesse admiti-la com menos constrangimento" (Requena, 2016, p. 18).

Contudo, a música destinada ao público jovem, com linguagem e temática pertinentes a essa faixa etária, em certo período do tempo, é evidentemente geracional. E assim que essa geração passa a perder o interesse pela temática das canções, elas acabam perdendo o sentido e seu apelo comercial. Assim, surge um novo movimento que sobrepuja o anterior. Atualmente, podemos observar uma terceira onda desse sertanejo, que não recebe mais o rótulo de *universitário*, mas segue firme no percurso de diluição dos elementos da música do campo na universalidade da cultura *pop*.

Contudo, a música de origem caipira não viveu apenas da modernização nos últimos anos. Na década de 1960, Pena Branca e Xavantinho, resistentes às influências do *country*, voltam-se a temas folclóricos em músicas como "Cuitelinho" e "Peixinhos do mar". A parceria com Milton Nascimento em "O cio da Terra" foi determinante para a dupla ser bem aceita por parte de uma elite intelectual presente no circuito universitário. O mesmo público também foi cativado pelas questões do campo trazidas pelas canções de Renato

Teixeira, como "Romaria", que, em 1977, ficaria eternizada na interpretação de Elis Regina.

É importante ressaltar a atuação de programas de auditório nesse movimento de resistência à cultura *pop* transmitidos por algumas emissoras de TV que, desde os anos 1970, evidenciaram antigos e novos representantes da cultura caipira. O ator Lima Duarte, o ator e compositor Rolando Boldrin e a cantora Inezita Barroso foram os apresentadores que mais se destacaram nesse segmento, que, de certa maneira, busca deixar viva a tradição da música do campo, outrora trazida à cidade pela turma de Cornélio Pires.

6.5 A cultura da periferia e a indústria cultural

O termo *periferia* vem da geometria e nessa área do saber significa o contorno de uma figura geométrica (Periferia, 2023). Atualmente, no entanto, ele designa os bairros populares situados às margens do centro da cidade.

> O batismo ocorreu inicialmente na sociologia urbana para designar um espaço de carência, marginalidade, violência e segregação. Daí o termo foi adotado pelos movimentos culturais para, em seguida, ser incorporado pelas políticas públicas que visam a inclusão social – inclusão, diga-se, restrita à participação no mercado de bens de consumo. (Frederico, 2013, p. 240)

O surgimento desse lugar social às margens dos centros urbanos é fruto de diversas tensões históricas de nossa sociedade tão etnocentrista que não teve habilidade para absorver escravos libertos, retirantes do sertão, trabalhadores da construção civil e todo o tipo de gente que um dia procurou a cidade em busca de um futuro melhor. Embora a questão seja antiga, vamos focar objetivamente em um momento mais recente: a década de 1990.

A configuração da sociedade dos anos 1990 decorre dos desdobramentos econômicos da década anterior, caracterizados por uma longa recessão antes da redemocratização somada à abertura da economia brasileira ao mercado internacional. A indústria nacional se via obrigada a ampliar sua atuação nesse cenário para se tornar competitiva. Entretanto, a corrida indiscriminada em busca da modernização industrial combinada com a equiparação cambial forçada entre a nova moeda, o real, e o dólar, contribuíram para o aumento da deterioração do mercado de trabalho no Brasil (Mello; Novais, 1998).

O resultado dessa conjuntura econômica, quando confrontado à superpopulação das grandes cidades, fez crescer os índices de subemprego e desemprego e, consequentemente, um aumento das tensões entre centro e periferia das metrópoles brasileiras. Obviamente, em algum ponto, essa divisão social decorrente da tensão entre a fartura do centro e escassez da periferia iria resultar em universos culturais distintos entre si.

Chegamos, então, à música da periferia, que surgiu como manifestação cultural distante da indústria fonográfica, mas legítima de uma parcela da população com acesso restrito aos meios de comunicação. Nesses termos, o *hip hop* merece destaque especial. Trata-se de um movimento cultural que reúne o *break* como dança, o grafite como expressão das artes visuais e o *rap* como música. Todas essas expressões têm origem na cultura norte-americana dos anos 1970. Na periferia, essas práticas ligadas aos bailes de *black music* tiveram certa continuidade, resultando, assim, no movimento *hip hop* (Carmo, 2001). A partir dos anos 1990, elas passam a ser instrumento para as reivindicações da população da periferia, que lutava contra a conjuntura econômica, a violência policial e o preconceito racial dos quais eram vítimas.

Ainda na década de 1980 na cidade de São Paulo, podemos destacar o trabalho de Nelson Triunfo como um dos pioneiros do *hip hop*. Nelson era pernambucano e dançava *break* no centro da capital paulista, inspirando outros jovens. Nos bailes da periferia, ao som de James Brown, a juventude dançava *break* e tinha seus primeiros contatos com o *rap* estadunidense. Foi nesse cenário que nasceram grupos como Thaíde, Dj Hum e os Racionais Mc's.

O *rap* como manifestação musical inserida na cultura *hip hop* associa bases musicais eletrônicas, *samples* e influências da *black music* à narrativa de situações cotidianas vividas na periferia, que, na poesia cantada, também recebe os nomes de morros, ruas e favelas, retratando em tom de denúncia cenários de baixa escolaridade e violência, ignorados pelas políticas estatais de inclusão social.

Desenvolvido no mesmo cenário e com suas origens ligadas à também à *black* music, o *funk* brasileiro, muitas vezes chamado de *funk carioca*, começou a se desenvolver na década de 1970, com bailes *funk* que aconteciam inicialmene na zona sul do Rio de Janeiro e, em seguida, foram migrando para a zona norte (Vianna, 1997). Naquela época, DJs brasileiros animavam os bailes ao som de astros do *funk* norte-americano, como James Brown e a banda Earth, Wind & Fire.

No início dos anos 1980, o *funk* da perififeria do Rio de Janeiro perdeu espaço para o *rock* que estava em ascensão. Mas em meados daquela década, os bailes *funk* voltam a ganhar força e, nesse novo contexto, os sucessos do *funk* norte-americano começam a ganhar versões em português que se baseavam muito mais na sonoridade das palavaras do que propriamente na tradução do inglês (Laignier, 2011). Foi nesse contexto, que, segundo Laigner (2011, p. 5), desenvolveu-se "uma criatividade até certo ponto espontânea e carregada de humor e deboche, além de boas doses de erotismo".

A projeção nacional do *funk* carioca, que tem a batida como característica marcante, chamada pelos funkeiros de "batidão" ou "pancadão" (Laignier, 2011, p. 6), ocorre a partir do lançamento do LP *Funk Brasil*, pela Polygram, em 1989. O movimento ganhou força nas décadas seguintes e se estabelece como gênero musical brasileiro com forte apelo comercial até os dias atuais. O *funk* passou por diversas fases abordando temáticas distintas, desde o próprio universo do baile *funk*, passandopelo erotismo e sempre retratando a realidade do subúrbio, que, envolve, entre outras questões, a criminalidade. Por essas características, o gênero se tornou objeto de pesquisa de musicólogos, atrópologos, sociólogos e historiadores, entre eles Hermano Vianna, Carlos Palombini, Adriana Facina e Janaína Medeiros. São essas as nossas recomendações de leitura, caso deseje se aprofundar na história e nas reflexões sobre esse gênero musical brasileiro.

Por ora, resta-nos concluir dizendo que as culturas do *hip hop* e do *funk* emergentes nos anos 1990 foram fundamentais para a afirmação identitária do jovem da periferia politizado e comprometido com o futuro de sua comunidade, representando, naquela década, aquilo que a MPB e o *rock* nacional, cada qual em seu tempo, representaram: um ato de protesto contra injustiças sociais e políticas.

Síntese

Neste capítulo, analisamos alguns movimentos musicais, ou relacionados à música, das últimas quatro décadas do século XX. Quase todos eles apresentavam duas tendências em comum: a busca pela modernização da música popular brasileira e, paradoxalmente, o desejo de nacionalizar a música estrangeira. Um exemplo disso foi a música popular brasileira (MPB). Ao mesmo tempo em que absorvia tendências mundiais, como o *jazz*, incluía regionalismos em suas composições e arranjos.

Algo semelhante também ocorreu com o tropicalismo, que buscou inserir esses mesmos elementos dentro do *rock*, gênero que se reinventou graças a uma parcela da juventude brasileira, dando origem ao movimento da Jovem Guarda. Em seguida, veio o *jazz*, que através dos "hermetismos pascoais"[2] alcançou o nível de brasilidade almejado pelos seus protagonistas.

Além disso, tratamos da música caipira, que migrou do campo para a cidade, conduzida pelas mãos de Cornélio Pires e sua turma e passou por diversos processos de transformação, os quais geraram diferentes vertentes que desencadearam o pós-sertanejo universitário atualmente consumido pela sociedade.

Por trás desses processos de transformações na música, esteve, sem dúvida, o interesse do mercado cultural. Entretanto, se, por um lado, salta-nos aos olhos o pragmatismo dos interesses comerciais dos empresários, por outro, esse fluxo financeiro que começou a circular pela radiodifusão, pela indústria fonográfica, pelo cinema e pela televisão viabilizou as profissões vinculadas à cadeia produtiva musical.

· · ·
2   Citando Caetano Veloso na canção "Podres poderes", referindo-se à influência de Hermeto Pascoal na música instrumental brasileira.

Nas histórias das músicas brasileiras que contamos, a indústria cultural teve o importante papel de garantir a subsistência de artistas que optaram por viver de música, além de possibilitar ao público ver e ouvir desde as transmissões dos primeiros festivais de música popular brasileira até os registros da Turma Caipira de Cornélio Pires.

Atividades de autoavaliação

1. Após sua interpretação memorável de "Arrastão", canção de Edu Lobo, em 1965, Elis Regina foi convidada para ser apresentadora de um programa na TV Record. O nome desse programa, também apresentando por Jair Rodrigues, era:
   a) Velha Guarda.
   b) Jovem Guarda.
   c) Bossaudade.
   d) O Fino da Bossa.
   e) Influência do *jazz*.

2. Roberto Carlos, Erasmo Carlos e Wanderlea eram os apresentadores do programa Jovem Guarda, na TV Record, cujo título também se tornaria o nome de um movimento em que o estilo musical interpretado era o:
   a) *rock and roll*.
   b) *rockabilly*.
   c) *punk rock*.
   d) *rock* progressivo.
   e) iê-iê-iê.

3. Um marco para o ressurgimento do choro na década de 1970 foi um *show* apresentado por Paulinho da Viola, acompanhado pelo conjunto Época de Ouro. O nome desse espetáculo musical é:

   a) Sarau.

   b) luau.

   c) bossaudade.

   d) opinião.

   e) velha Guarda.

4. A música caipira tem sua estética própria, a qual foi se transformando no decorrer da história. Nas primeiras gravações, promovidas por Cornélio Pires, qual foi o instrumento musical característico desse tipo de música?

   a) Triângulo.

   b) Sanfona.

   c) Violão.

   d) Viola.

   e) Rabeca.

5. Nos anos 1990, a cultura *hip hop* emergiu como uma forma de a população da periferia demonstrar sua indignação. Entre suas expressões mais marcantes, estão a dança, as artes visuais e a música. Considerando essa cultura, como se chamam, respectivamente, essas três manifestações?

   a) Forró, xilogravura e baião.

   b) *Twist*, escultura e *rock and roll*.

   c) *Break*, grafite e *rap*.

   d) *Funk*, *sound art* e *black music*.

   e) Sertanejo, artesanato e moda de viola.

Atividades de aprendizagem

Questões para reflexão

1. No transcorrer deste capítulo, analisamos a trajetória de diversos movimentos vinculados à música nacional. Em geral, as músicas desses movimentos evoluíram tensionadas por um incessante desejo de modernização por parte de artistas e críticos, e tal modernização sempre esteve calcada em modelos. Que modelos são esses e de onde, recorrentemente, eles vêm? Hoje em dia, essa tensão no sentido de evolução da música rumo a padrões globais ainda existe? Pense em alguns exemplos.

2. Nos vários gêneros musicais que abordamos neste capítulo, há a influência da indústria cultural em sua afirmação. Porém, atualmente, o cenário vem se configurando de modo diverso graças à possibilidade de produzir fonogramas e videoclipes de maneira completamente independente de grandes estúdios e, além disso, veicular tais obras em plataformas de *streaming* mediante pouco ou nenhum custo. A partir desse novo cenário, como você imagina que um novo gênero musical poderia se estabelecer?

Atividade aplicada: prática

1. Provavelmente, durante a leitura deste capítulo, ao se deparar com nomes de artistas, títulos de músicas e LPs, você teve curiosidade de ver e ouvir essas produções. Talvez, em algum momento, você tenha interrompido a leitura para pesquisar por tais materiais na internet, mas certamente logo voltou ao livro. Considerando esse contexto, a atividade que propomos agora tem o objetivo de fazê-lo se dedicar à audição. Todas as vertentes

musicais que abordamos neste capítulo pertencem ao século XX, portanto, há uma profusão de exemplos sobre cada uma delas no Youtube. Então, selecione um dos temas do capítulo e ouça cada intérprete, cada compositor e cada canção citada no texto. Se você tiver uma conta no Youtube, crie uma *playlist* sobre o assunto (por exemplo, "Música caipira"), pois ela poderá lhe ser útil em futuros trabalhos, aulas e palestras. Aproveite bastante essa riqueza musical do Brasil.

CONSIDERAÇÕES FINAIS

Chegamos ao final desta obra e, nesse momento, precisamos ressaltar que os gêneros e estilos musicais abordados, os quais tiveram sua origem e seu auge demarcados nos momentos históricos correlacionados, não foram necessariamente sepultados. Isso porque, atualmente, ainda existem clubes de choro, rodas de samba e modas de viola. Ou seja, o fato de um gênero musical não transitar em determinado momento no *mainstream* não significa que tenha sido completamente deixado de lado.

Além disso, toda música se desenvolve de acordo com o contexto social do local e da época em que foi criada. Tendo isso em mente, na medida do possível, procuramos fazer um retrato do momento em que cada expressão musical apresentada foi realizada. No entanto, sugerimos fortemente que os interessados se aprofundem nos estudos referentes à história do Brasil, a fim de aguçar o entendimento acerca dos fatos que construíram nossa nacional.

Por fim, salientamos que este livro constitui somente um recorte da história da música brasileira, uma vez que esta, considerada em sua totalidade, não poderia ser tratada em poucas páginas. Ainda se faz necessário buscar outras histórias relativas a manifestações musicais, que, embora tenham características regionais, são representativas da cultura brasileira, tais como forró, maracatu, ciranda, fandango caiçara, música gauchesca e pantaneira.

Sob essa ótica, convidamos você a pesquisar essas histórias e, principalmente, entregar-se à riqueza de cada uma dessas manifestações culturais do povo brasileiro.

REFERÊNCIAS

A GÊNESE do samba-canção: entrevista com Zuza Homem de Mello. Disponível em: <https://www.youtube.com/watch?v=h9nzZleDCzU>. Acesso em: 11 jul. 2024.

ALONSO, G. **Cowboys do asfalto**: música sertaneja e modernização brasileira. 528 f. Tese (Doutorado em História) – Universidade Federal Fluminense, Niterói, 2011. Disponível em: <https://app.uff.br/riuff;/bitstream/handle/1/16631/Tese-gustavo-alves-alonso-ferreira.pdf?sequence=1&isAllowed=y>. Acesso em: 11 jul. 2024.

ANDRADE, M. de. **As melodias do boi e outras peças**. São Paulo: Duas Cidades, 1987.

ANDRADE, M. de. **Ensaio sobre a música brasileira**. São Paulo: Martins, 1972.

ANDRADE, M. de. **Pequena história da música**. Rio de Janeiro: Nova Fronteira, 2015.

AVANÇA!. Rio de Janeiro, ano I, n. 6, 4 jun. 1904. Disponível em: <https://memoria.bn.gov.br/DocReader/docreader.aspx?bib=785547&pesq=Fred%20Figner&pagfis=181>. Acesso em: 24 jul. 2024.

BANDEIRA, M. **Carnaval**. 3. ed. São Paulo: Global, 1919.

BARROS, J. D'A. Música indígena brasileira: filtragens e apropriações históricas. **Projeto História**, São Paulo, v. 32, p. 153-169, 2006.

BARROS, J. Francisco Mignone e sua obra orquestral nacionalista. **Revista Música e Linguagem**, Vitória, v. 1, n. 3, p. 38-56, 2013. Disponível em: <https://periodicos.ufes.br/musicaelinguagem/article/view/6511>. Acesso em: 11 jul. 2024.

BASTOS, M. B.; PIEDADE, A. T. de C. O desenvolvimento histórico da "música instrumental", o jazz brasileiro. In: CONGRESSO DA ASSOCIAÇÃO NACIONAL DE PESQUISA E PÓS-GRADUAÇÃO EM MÚSICA, 16., 2006, Natal. Disponível em: <https://www.anppom.org.br/anais/anaiscongresso_anppom_2006/CDROM/POSTERES/09_Pos_Etno/09POS_Etno_02-223.pdf>. Acesso em: 11 jul. 2024.

BASTOS, R. J. de M. Les Batutas, 1922: uma antropologia da noite parisiense. **Revista Brasileira de Ciências Sociais**, São Paulo, v. 20, n. 5, p. 177-196, 2005.

BINDER, F. P. Lições de civilidade musical: os concertos de Cernicchiaro e a criação do Clube Haydn de São Paulo. In: CONGRESSO DA ASSOCIAÇÃO NACIONAL DE PESQUISA E PÓS-GRADUAÇÃO EM MÚSICA, 23., 2013, Natal.

BORNHOLDT, J. H. **História da música ocidental**: da antiguidade clássica ao período barroco. Curitiba: InterSaberes, 2021.

BRASIL. Lei n. 10.639, de 9 de janeiro de 2003. **Diário Oficial da União**, Poder Legislativo, Brasília, DF, 10 jan. 2003. Disponível em: <https://www.planalto.gov.br/ccivil_03/leis/2003/l10.639.htm>. Acesso em: 11 jul. 2024.

BUDASZ, R. **A música no tempo de Gregório de Mattos**. Curitiba: DeArtes/UFPR, 2004.

BUDASZ, R. **História da música erudita brasileira**. Ponta Grossa: Conservatório Maestro Paulino, 2011.

BUDASZ, R. **O cancioneiro ibérico em José de Anchieta**: um enfoque musicológico. São Paulo: ECA-SCP, 1996.

BUENO, A. **Uma história da poesia brasileira**. Rio de Janeiro: G. Ermakoff, 2007.

CABRAL, S. Uma história secular. In: CHEDIAK, A. **Choro**. São Paulo: Irmãos Vitale, 2009. p. 10-13.

CANO, W. A economia do ouro em Minas Gerais (século XVIII). **Contexto**, São Paulo, n. 3, jul. 1977.

CARDOSO, L. de A. **O som e o soberano**: uma história musical carioca pós-abdicação (1831-1843) e seus antecedentes. 375 f. Tese (Doutorado em História) – Universidade de São Paulo, São Paulo, 2006. Disponível em: <https://teses.usp.br/teses/disponiveis/8/8138/tde-16072007-110842/publico/TESE_LINO_ALMEIDA_CARDOSO.pdf>. Acesso em: 11 jul. 2024.

CARMO, P. S. do. **Culturas da rebeldia**: a juventude em questão. São Paulo: Ed. Senac, 2001.

CASTAGNA, P. **A modinha e o lundu nos séculos XVIII e XIX**. São Paulo: Instituto de Artes da Unesp, 2003. (Apostila do curso de História da Música Brasileira).

CASTAGNA, P. A música como instrumento de catequese no Brasil dos séculos XVI e XVII. **D. O. Leitura**, São Paulo, ano 12, n. 43, p. 6-9, abr. 1994.

CASTAGNA, P. **A música religiosa mineira no século XVIII e primeira metade do século XIX**. São Paulo: Instituto de Artes da Unesp, [S.d]. (Apostila do curso História da Música Brasileira).

CASTRO, R. Saiu Dolores, entrou Elizeth. **Folha de S.Paulo**, São Paulo, 18 abr. 2018.

CASTRO, R. **A noite do meu bem**. Editora Schwarcz S.A. São Paulo. 2015.

CAYMMI, D. Samba da minha terra. Intérprete: Bando da Lua. In: ALCIONE. **Ouro e cobre**. São Paulo: Columbia, 1940. 1 disco. Lado A. Faixa 1.

CAZES, H. **Choro**: do quintal ao municipal. São Paulo: Ed. 34, 1998.

CERNICCHIARO, V. **Storia della musica nell brasile**: Dai tempi coliniali sino ao nostri giorni (1549-1925). Milano: Stab. Tip. Edit. Fratelli Riccioni, 1926.

CHIQUINHA Gonzaga aos 29 anos. [ca. 1877]. Fotografia: papel; 17,8 × 11,8 cm. Código de catalogação ED/CG[fotos]_01_001, Coleção Edinha Diniz/Chiquinha Gonzaga.

CLÁUDIO Santoro. In: **Enciclopédia Itaú Cultural de Arte e Cultura Brasileira**. São Paulo: Itaú Cultural, 27 dez. 2019. Verbete. Disponível em: <http://enciclopedia.itaucultural.org.br/pessoa359497/claudio-santoro>. Acesso em: 11 jul. 2024.

CONSTUIR NOTÍCIAS. **Lendo e aprendendo**: Heitor Villa-Lobos (1887-1959). Disponível em: <https://www.construirnoticias.com.br/heitor-villa-lobos-1887-1959>. Acesso em: 11 jul. 2024.

CONTIER, A. O ensaio sobre a música brasileira: estudo dos matizes ideológicos do vocabulário social e técnico-estético (Mário de Andrade, 1928). **Revista Música**, São Paulo, v. 6, n. 1, p. 75-121, maio/nov. 1995. Disponível em: <https://www.revistas.usp.br/revistamusica/article/view/59121/62155>. Acesso em: 11 jul. 2024.

CORNÉLIO Pires documentário – completo – 2018 "60 anos de morte". 17 jul. 2020. Disponível em: <https://www.youtube.com/watch?v=z-tqCfq8oTQ>. Acesso em: 11 jul. 2024.

CUNHA, K. S. **A música em uma comunidade judaica em Pernambuco**. Tese (Doutorado em Etnomusicologia) – Universidade Federal da Paraíba, João Pessoa, 2018.

DANTAS, D. F. **A prateleira do rock brasileiro**: uma análise das estratégias midiáticas utilizadas nos discos de rock brasileiro nas últimas cinco décadas. 216 f. Dissertação (Mestrado em Comunicação) – Universidade Federal da Bahia, Salvador, 2007. Disponível em: <https://repositorio.ufba.br/bitstream/ri/12906/1/Danilo%20Fraga%20Dantas.pdf>. Acesso em: 11 jul. 2024.

DENIS, F. **Résumè de l'histoire littéraire du Portugal, suivi du résumé de l'histoire littéraire du Brésil**. Paris: Lecointe & Durey, 1826. p. 581-585.

DIAS, A. H. C. Sertanejo caipira ou caipira sertanejo: as definições da música popular brasileira na coleção Nova História da Música Popular Brasileira. **Revista de História Bilros**, Fortaleza, v. 2, n. 3, p. 29-45, jul./dez. 2014. Disponível em: <https://revistas.uece.br/index.php/bilros/article/view/7570/6337>. Acesso em: 11 jul. 2024.

DINIZ, A. **Almanaque do choro**: a história do chorinho, o que ouvir, o que ler, onde curtir. Rio de Janeiro: J. Zahar, 2003.

DINIZ, E. **Chiquinha Gonzaga**: uma história de vida. 7. ed. Rio de Janeiro: Rosa dos tempos, 1999.

DON QUIXOTE: jornal illustrado de Angelo Agostini. Rio de Janeiro, ano VIII, n. 155, 8 jul. 1902.

EFEGÊ, J. **Maxixe**: a dança excomungada. Rio de Janeiro: Conquista, 1974.

EFEGÊ, J. **Maxixe**: a dança excomungada. 2. ed. Rio de Janeiro: Funarte, 2009.

EGG, A. **Capas da Revista da Música Popular (1954-56)**: um panteão da música brasileira. 20 ago. 2014. Disponível em: <https://andreegg.org/2014/08/20/capas-da-revista-da-musica-popular-1954-56-um-panteao-da-musica-brasileira/>. Acesso em: 11 jul. 2024.

EGG, A. O Grupo Música Viva e o nacionalismo musical. In: FÓRUM DE PESQUISA CIENTÍFICA EM ARTE DA ESCOLA DE MÚSICA E BELAS ARTES DO PARANÁ, 3., 2005, Curitiba.

FAUSTO, B. **História do Brasil**. São Paulo: Edusp, 2013.

FAVARETTO, C. **Tropicália, alegoria, alegria**. 3. ed. Cotia: Ateliê, 2000.

FICO, C. **História do Brasil contemporâneo**. São Paulo: Contexto, 2015.

FRAGOSO, J. L. **Homens de grossa aventura:** acumulação e hierarquia na Praça Mercantil do Rio de Janeiro (1790-1830). Rio de Janeiro: Arquivo Nacional, 1992.

FRANCESCHI, H. M. **A Casa Edison e seu tempo**. Rio de Janeiro: Sarapuí, 2002.

FRAZÃO, D. **Chiquinha Gonzaga**: biografia de Chiquinha Gonzaga. Disponível em: <https://www.ebiografia.com/chiquinha_gonzaga/>. Acesso em: 11 jul. 2024.

FREDERICO, C. Da periferia ao centro: cultura e política em tempos pós-modernos. **Estudos Avançados**, São Paulo, v. 27, n. 79, p. 239-256, 2013. Disponível em: <https://www.revistas.usp.br/eav/article/view/68714>. Acesso em: 11 jul. 2024.

GALINARI, M. M. **A era Vargas no pentagrama**: dimensões político-discursivas do canto orfeônico de Villa-Lobos Melliandro Mendes Galinari – 2007. Tese (Doutorado em Linguística) – Universidade Federal de Minas Gerais, Belo Horizonte, 2007.

GALLET, L. **Estudos de folclore**. Rio de Janeiro: Carlos Wehrs & Cia., 1934.

GARSON, M. Rock and roll e a juventude em debate no Brasil (1956-58): o impacto do filme *Ao balanço das horas*. **Contemporânea: Comunicação e Cultura**, v. 14, n. 1, p. 105-124, jan./abr. 2016. Disponível em: <https://periodicos.ufba.br/index.php/contemporaneaposcom/article/view/14243/11078>. Acesso em: 11 jul. 2024.

GOMES, R. C. S. **Chiquinha Gonzaga em discurso:** narrativas sobre vida e obra de uma artista brasileira. 370 f. Tese (Doutorado em Antropologia) – Universidade Federal de Santa Catarina, Florianópolis, 2018. Disponível em: <https://chiquinhagonzaga.com/wp/wp-content/uploads/2020/03/2018-Rodrigo_Cantos.pdf>. Acesso em: 11 jul. 2024.

GONDRA, J. G.; SCHUELER, A. **Educação, poder e sociedade no império brasileiro.** São Paulo: Cortez, 2008.

GROPPO, L. A. Gênese do rock dos anos 80 no Brasil: ensaios, fontes e mercado juvenil. **Música Popular em Revista**, Campinas, ano 1, v. 2, p. 172-196, jan./jun. 2013. Disponível em: <https://econtents.bc.unicamp.br/inpec/index.php/muspop/article/view/12888/8254>. Acesso em: 11 jul. 2024.

GUARNIERI, C. Camargo Guarnieri: meio século de nacionalismo. **Caderno de Música**, São Paulo, n. 7, p. 8-10, 1981.

JUNQUEIRA, H. **Gêneros musicais**. Curitiba: InterSaberes, 2021.

KATER, C. **Eunice Katunda**: musicista brasileira. São Paulo: Anablume, 2001.

KATER, C. **Um pouco de Koellreutter**. Disponível em: <http://koellreutter.ufsj.edu.br/modules/wfchannel/index.php?pagenum=8>. Acesso em: 11 jul. 2024.

KIEFFER, A. M. A flauta de Matuiú: registro, memória e recriação musical das festas no Brasil nos séculos XVI e XVII. In: JANCSÓ, I.; KANTOR, I. (Org.). **Festa, cultura e sociabilidade na América portuguesa**. São Paulo: Imprensa Oficial; Hucitec; Edusp; Fapesp, 2001. p. 891-901. v. 2.

KIEFER, B. **História da música brasileira**: dos primórdios ao início do século XX. Porto Alegre: Movimento, 1997.

LAIGNIER, P. Funk carioca revisitado: alguns apontamentos para uma economia política do gênero. **Lumina**, Juiz de Fora, v. 5, n. 1, p. 1-14, jun. 2011. Disponível em: <https://periodicos.ufjf.br/index.php/lumina/article/download/20906/11280/83212>. Acesso em: 11 jul. 2024.

LENHARO, A. **Os cantores do rádio**: a trajetória de Nora Ney e Jorge Goulart e o meio artístico de seu tempo. Campinas: Ed. da Unicamp, 1995.

LIMA, C. N. As "infiltrações" de Guerra Peixe no cinema brasileiro. In: CONGRESSO DA ASSOCIAÇÃO NACIONAL DE PESQUISA E PÓS-GRADUAÇÃO EM MÚSICA, 24., 2014, São Paulo. Disponível em: <https://anppom.org.br/anais/anaiscongresso_anppom_2014/3070/public/3070-9863-1-PB.pdf>. Acesso em: 11 jul. 2024.

LIMA, I. M. de F. **Entre Pernambuco e a África**: história dos maracatus-nação do Recife e a espetacularização da cultura popular. 420 f. Tese (Doutorado em História) – Universidade Federal Fluminense, Niterói, 2010. Disponível em: <https://app.uff.br/riuff/bitstream/handle/1/24519/Tese-ivaldo-marciano-de-franca-lima.pdf?sequence=1&isAllowed=y>. Acesso em: 11 jul. 2024.

LOPES, M. A. **Foi assim**: contribuição para um estudo histórico do samba-canção (1946-1957). 110 f. Dissertação (Mestrado em História Social) – Universidade Federal da Bahia, Salvador, 2011. Disponível em: <https://repositorio.ufba.br/bitstream/ri/11896/1/Disserta%c3%a7%c3%a3o%20Final%20-%20Maria%20Aparecida%20Lopes.pdf>. Acesso em: 11 jul. 2024.

LOPES, N.; SIMAS, L. A. **Dicionário da História Social do Samba**. Rio de Janeiro: Civilização Brasileira, 2015.

LYRA, C. Influência do jazz. Intérprete: Carlos Lyra. In: LYRA, C. **Depois do carnaval**. Rio de Janeiro: Philips, 1963a. 1 disco.

LYRA, C. Marcha da Quarta-feira de Cinzas. Intérprete: Carlos Lyra. In: LYRA, C. **Depois do carnaval**. Rio de Janeiro: Philips, 1963b. 1 disco.

MANHÃES, A. **A Casa Edison**. 18 abr. 2016. Disponível em: <https://somshow.com.br/memoria/historia/a-casa-edison>. Acesso em: 11 jul. 2024.

MARCÍLIO, C. C. **Chiquinha Gonzaga e o maxixe**. 146 f. Dissertação (Mestrado em Música) – Universidade Estadual Paulista Júlio de Mesquita Filho, São Paulo, 2009. Disponível em: <https://repositorio.unesp.br/bitstream/handle/11449/95140/marcilio_cc_me_ia.pdf?sequence=1&isAllowed=y>. Acesso em: 11 jul. 2024.

MARIZ, V. **História da música no Brasil**. 2. ed. Rio de Janeiro: Civilização Brasileira, 1983.

MARIZ, V. **História da música no Brasil**. 6. ed. Rio de Janeiro: Nova Fronteira, 2005.

MARQUES, G. O. **Homem de cabeça de leão**: Carlos Gomes, suas músicas, seus amores. São Paulo: Revista dos Tribunais, 1971.

MEIRELLES, V. **Primeira Missa no Brasil**. 1860. Óleo sobre tela: 268 x 356 cm. Museu Nacional de Belas Artes, Rio de Janeiro.

MELLO, J. M. C. de; NOVAIS, F. Capitalismo tardio e sociabilidade moderna. In: SCHWARCZ, L. M. (Org.). **A história da vida privada no Brasil**. São Paulo: Companhia das Letras, 1998. v. 4. p. 558-658.

MELLO, Z. H. de. **A era dos festivais**: uma parábola. São Paulo: Ed. 34, 2003.

MENDONÇA, C. **A Coleção Luiz Heitor Corrêa de Azevedo**: música, memória e patrimônio. Dissertação (Mestrado em Memória Social) – Universidade Federal do Estado do Rio de Janeiro, Rio de Janeiro, 2007.

MESGRAVIZ, L. **História do Brasil Colônia**. São Paulo: Contexto, 2015.

MOURA, R. **Tia Ciata e a pequena África do Rio de Janeiro**. Rio de Janeiro: Ed. Da Secretaria Municipal de Cultura, 1995.

NAPOLITANO, M. A música brasileira na década de 1950. **Revista USP**, v. 87, p. 56-73, 2010a. Disponível em: <https://doi.org/10.11606/issn.2316-9036.v0i87p56-73>. Acesso em: 11 jul. 2024.

NAPOLITANO, M. **Seguindo a canção**: engajamento político e indústria cultural na MPB (1959-1969). São Paulo: Annablume, 2010b.

NAPOLITANO, M.; WASSERMAN, M. C. Desde que o samba é samba: a questão das origens no debate historiográfico sobre a música popular brasileira. **Revista Brasileira de História**, v. 20, n. 39, p. 167-189, 2000. Disponível em: <https://www.scielo.br/j/rbh/a/RRXgk55Z6kfF9Xrg8bgfvsP/?format=pdf&lang=pt>. Acesso em: 11 jul. 2024.

NEVES, J. M. (Org.). **Música sacra mineira**: biografias, estudos e partituras. 2. ed. Rio de Janeiro: Funarte, 2000.

NOGUEIRA, L. W. M. Infância de Carlos Gomes. **Revista Centro de Memória da Unicamp**, n. 13, p. 49-60, 1996.

O MALHO. Rio de Janeiro, ano XVI, n. 747, 6 jan. 1917. Disponível em: <https://memoria.bn.gov.br/DocReader/docreader.aspx?bib=116300&pasta=ano%20191&pesq=&pagfis=33510>. Acesso em: 24 jul. 2024.

OLIVEN, R. G. A elaboração de símbolos nacionais na cultura brasileira. **Revista de Antropologia**, São Paulo, v. 26, p. 107-118, dez. 1983. Disponível em: <https://www.revistas.usp.br/ra/article/view/111045/109387>. Acesso em: 11 jul. 2024.

PAIXÃO, A. dos S. Do maxixe ao samba de gafieira: caminhos para uma revisão de literatura de danças de salão brasileiras. **Arte da Cena**, v. 7, n. 1, p. 349-375, 2021. Disponível em: <https://revistas.ufg.br/artce/article/download/69242/37013/322246>. Acesso em: 11 jul. 2024.

PEREIRA, A. R. **Música, sociedade e política**: Alberto Nepomuceno e a República musical. Rio de Janeiro: Ed. da UFRJ, 2007.

PEREIRA, L. A. de M. Os anjos da meia-noite: trabalhadores, lazer e direitos no Rio de Janeiro da Primeira República. **Revista Tempo**, v. 19, n. 35, p. 97-116, 2013.

PEREIRA, L. N. N. Literatura negra infantojunvenil: discursos afro-brasileiros em construção. **Interseções**, v. 18, n. 2, p. 431-457, 2016.

PERIFERIA. In: **Dicionário Priberan Online**. Disponível em: <https://dicionario.priberam.org/periferia>. Acesso em: 11 jul. 2024.

PERNA, M. A. **Samba de gafieira**: a história da dança de salão brasileira. 2. ed. Rio de Janeiro: O Autor, 2001.

PINTO, M. Reflexão & encenação em *Filosofia* e *Conversa de Botequim*, de Noel Rosa. **Recorte: Revista Eletrônica da Universidade Vale do Rio Verde**, ano 9, n. 2, p. 1-21, 2012. Disponível em: <http://periodicos.unincor.br/index.php/recorte/article/view/661/pdf>. Acesso em: 11 jul. 2024.

POLETTO, F. G. **Saudade do Brasil**: Tom Jobim na cena musical brasileira (1963-1976). 299 f. Tese (Doutorado em História) - Universidade de São Paulo, São Paulo, 2010. Disponível em: <https://teses.usp.br/teses/disponiveis/8/8138/tde-27052011-164629/publico/2010_FabioGuilhermePoletto.pdf>. Acesso em: 11 jul. 2024.

POLETTO, F. G. **Tom Jobim e a modernidade musical brasileira (1953-1958)**. 148 f. Dissertação (Mestrado em História) - Universidade Federal do Paraná, Curitiba, 2004. Disponível em: <https://acervodigital.ufpr.br/handle/1884/27912>. Acesso em: 11 jul. 2024.

POMBO, C. C.; MARTINO, R. S. 1970: depois de 14 meses exilado, o cantor Chico Buarque está de volta ao Brasil. **Folha de S.Paulo**, São Paulo, 20 mar. 2020. Disponível em: <https://www1.folha.uol.com.br/banco-de-dados/2020/03/1970-depois-de-14-meses-exilado-o-cantor-chico-buarque-esta-de-volta-ao-brasil.shtml>. Acesso em: 11 jul. 2024.

RAMOS, R. de A. **Música viva e a nova fase da modernidade musical brasileira**. 195 f. Dissertação (Mestrado em História) – Universidade Federal de São João del-Rei, São João del-Rei, 2011. Disponível em: <https://www.ufsj.edu.br/portal2-repositorio/File/pghis/Dissertacao_Ricely_Araujo_Ramos.pdf>. Acesso em: 11 jul. 2024.

REQUENA, B. H. de A. F. **A universidade do sertão**: o novo retrato cultural da música sertaneja. 203 f. Dissertação (Mestrado em Sociologia) – Universidade de São Paulo, São Paulo, 2016. Disponível em: <https://www.teses.usp.br/teses/disponiveis/8/8132/tde-20122016-143201/publico/2016_BrianHenriqueDeAssisFuentesRequena_VCorr.pdf>. Acesso em: 11 jul. 2024.

REVISTA ILLUSTRADA. Rio de Janeiro: Angelo Agostini, ano 3, n. 202, 1880.

REZENDE, G. S. S. L. Narratividade e poder: sobre a construção da "história oficial" do choro. **Música Popular em Revista**, Campinas, ano 3, v. 2, p. 65-96, jan./jun. 2015. Disponível em: <https://econtents.bc.unicamp.br/inpec/index.php/muspop/article/view/13007/8376>. Acesso em: 11 jul. 2024.

RIBEIRO, D. **O povo brasileiro**: a formação e o sentido de Brasil. 2. ed. São Paulo: Companhia das Letras, 1995.

RICARDO, S. Enquanto a tristeza não vem. Intérprete: Sérgio Ricardo. In: RICARDO, S. **Um senhor de talento**. Rio de Janeiro: Elenco, 1963. 1 disco.

RODRIGUES, V. Z. **Pandeiros**: entre a Península Ibérica e o Novo Mundo, a trajetória dos pandeiros ao Brasil. 155 f. Dissertação (Mestrado em Educação, Arte e História da Cultura) – Universidade Presbiteriana Mackenzie, São Paulo, 2014. Disponível em: <https://dspace.mackenzie.br/bitstreams/18e99827-e9b6-48b5-8fd5-334723ac80b9/download>. Acesso em: 11 jul. 2024.

ROSA, N. Coisas nossas. Intérprete: Noel Rosa. In: ROSA, N. **Coisas nossas**. Rio de Janeiro: Columbia, 1932. 1 disco.

ROSEN, C. **A geração romântica**. São Paulo: Edusp, 2000.

SANDRONI, C. **Feitiço decente:** transformações do samba no Rio de Janeiro (1917-1933). Rio de Janeiro: Jorge Zahar/UFRJ, 2001.

SANDRONI, C. **Feitiço decente**: transformações do samba no Rio de Janeiro (1917-1930). Rio de Janeiro: Zahar, 2012.

SANTANA, A. L. **Bossa nova**. Disponível em: <https://www.infoescola.com/musica/bossa-nova>. Acesso em: 19 jul. 2022.

SEVCENKO, N. (Org.). **História da vida privada no Brasil**. São Paulo: Companhia das Letras, 1998. v. 3.

SILVA, J. G. **O florão mais belo do Brasil**: o Imperial Conservatório de Música do Rio de Janeiro/1841-1865. 248 f. Dissertação (Mestrado em História) – Universidade Federal do Rio de Janeiro, Rio de Janeiro, 2007.

SILVA, P. F. C. B. da. **As transformações na música popular brasileira**: um processo de branqueamento? 148 f. Dissertação (Mestrado em Ciências Sociais) – Pontifícia Universidade Católica de São Paulo, São Paulo, 2008. Disponível em: <https://sapientia.pucsp.br/bitstream/handle/3972/1/Patricia%20Fatima%20Crepaldi%20Bento%20da%20Silva.pdf>. Acesso em: 11 jul. 2024.

SIQUEIRA, A. **Acústica**. Curitiba: InterSaberes, 2020.

SODRÉ, M. **Samba, o dono do corpo**. Rio de Janeiro: Mauad Editora Ltda., 1998.

SPIX, J. B. V.; MARTIUS, C. F. P. V. **Viagem pelo Brasil (1817-1820). Trad. de Lúcia Furquim Lahmeyer. Brasília: Edições do Senado Federal, 2017. v. 2.** Disponível em: <https://www2.senado.leg.br/bdsf/bitstream/handle/id/573991/001118266_Viagem_pelo_Brasil_v.2.pdf?sequence=15&isAllowed=y>. Acesso em: 11 jul. 2024.

SOUSA, M. B. T. R. N. **O Clube do Choro de São Paulo**: arquivo e memória da música popular na década de 1970. 255 f. Dissertação (Mestrado em Música) – Universidade do Estado de São Paulo, São Paulo, 2009. Disponível em: <https://repositorio.unesp.br/bitstream/handle/11449/95154/sousa_mbtrn_me_ia.pdf?sequence=1&isAllowed=y>. Acesso em: 11 jul. 2024.

TABORDA, M. As abordagens estilísticas no choro brasileiro (1902-1950). **Historia Actual Online**, n. 23, p. 137-146, 2010.

TINHORÃO, J. R. **História social da música popular brasileira**. São Paulo: Ed. 34, 1998.

TINHORÃO, J. R. **História social da música popular brasileira**. 2. ed. São Paulo: Ed. 34, 2010.

TINHORÃO, J. R. **Música popular de índios, negros e mestiços**. Petrópolis: Vozes, 1972.

TRAVASSOS, E. **Modernismo e música brasileira**. Rio de Janeiro: Jorge Zahar, 2003.

UMA NOITE EM 67. Direção: Renato Terra e Ricardo Calil. Brasil, 2010. 93 min.

VALENTE, P. V. **Transformações do choro no século XXI**: estruturas, performances e improvisação. Tese (Doutorado em Música) USP, São Paulo, 2014.

VIANNA, H. **O mundo funk carioca**. Rio de Janeiro: J. Zahar, 1997.

VILELA, I. **Cantando a própria história**. 351 f. Tese (Doutorado em Psicologia Social) – Universidade de São Paulo, São Paulo, 2011. Disponível em: <https://www.teses.usp.br/teses/disponiveis/47/47134/tde-14062011-163614/publico/vilela_do.pdf>. Acesso em: 11 jul. 2024.

VILLA-LOBOS, H. **A música nacionalista no governo Getúlio Vargas**. Rio de Janeiro: DIP, [S.d].

VILLA-LOBOS, H. **Programa do Ensino de Música**. Rio de Janeiro: Secretaria Geral da Educação e Cultura, 1937a.

VILLA-LOBOS, H. **O ensino popular da Música no Brasil**: O Ensino da Música e do Canto Orfeônico nas Escolas. Rio de Janeiro: Secretaria Geral da Educação e Cultura, 1937b.

VILLA-LOBOS, H. Superintendência de Educação Musical e Artística. Relatório geral dos serviços realizados de 1932 a 1936. **Boletín Latinoamericano de Música**, Montevideo, v. 3, n. 3, 1937c.

VOLPE, M. A. Período romântico brasileiro: alguns aspectos da produção camerística. **Revista Música**, São Paulo, v. 5, n. 2, p. 133-151, 1994. Disponível em: <https://www.revistas.usp.br/revistamusica/article/view/55078/58720>. Acesso em: 11 jul. 2024.

ZAN, J. R. (Des)territorialização e novos hibridismos na música sertaneja. **Revista Sonora**, Campinas, ano 1, n. 2, p. 1-6, 2005. Disponível em: <https://www.publionline.iar.unicamp.br/index.php/sonora/article/view/625>. Acesso em: 11 jul. 2024.

ZAPPA, R. **Para seguir minha jornada**: Chico Buarque. Rio de Janeiro: Nova Fronteira, 2011.

BIBLIOGRAFIA COMENTADA

ANDRADE, M. de. **Ensaio sobre a música brasileira**. São Paulo: Martins, 1972.

> Em *Ensaio sobre a música brasileira*, Mário de Andrade pretendia despertar nos jovens artistas um desejo: a busca por resgatar o nacionalismo puro, a valorização do folclore brasileiro e as tradições do povo. Assim, o autor não propunha uma ruptura, mas uma possível relação entre as músicas erudita e popular. Andrade criticava a burguesia brasileira por seu atraso na cultura e na filosofia e por demais aspectos sociais, ao mesmo tempo em que vislumbrava, com o modernismo, um avanço geral no pensamento crítico das pessoas. Para este livro, o autor promoveu uma ampla pesquisa sobre a cultura popular brasileira.

MELLO, Z. H. de. **A era dos festivais**: uma parábola. São Paulo: Ed. 34, 2003.

> Em uma linguagem despojada e com a propriedade assegurada por ter sido testemunha ocular dos fatos, Zuza Homem de Mello narra, em *A era dos festivais*, a história dos 15 mais representativos festivais de música no Brasil, que ocorreram de 1960 a 1972. Apesar

de não se tratar de uma produção acadêmica, Zuza é capaz de contextualizar os acontecimentos vinculados a tais eventos à conjuntura política social da época. Além disso, os causos pitorescos envolvendo os personagens dessa história ilustram o conteúdo e tornam a leitura mais leve e descontraída.

MOURA, R. **Tia Ciata e a pequena África no Rio de Janeiro**. Rio de Janeiro: Funarte/Instituto Nacional de Música, Divisão de Música Popular, 1983.

Eu *Tia Ciata e a pequena África no Rio de Janeiro*, Roberto Moura faz um resgate histórico das raízes mais profundas do samba. Em seu contexto, o autor apresenta reflexões acerca da origem do samba na casa das tias baianas, cujo propósito era, inicialmente, religioso e festivo, com fortes influências africanas. Além disso, Moura mostra a trajetória do "batuque", que foi ganhando espaço e se tornou o gênero musical mais representativo do Brasil. A obra revela que a diáspora das mães de santo, que fugiram da Bahia em razão das perseguições da polícia e se refugiaram no Rio de Janeiro, contribuiu para a gestação de um novo jeito de fazer música em plena instauração da República no país.

SANDRONI, C. **Feitiço decente**: transformações do samba no Rio de Janeiro (1917-1930). Rio de Janeiro: Zahar, 2012.

O livro de Carlos Sandroni traz, em seu título, uma homenagem ao compositor Noel Rosa - trata-se do nome de uma de suas canções: "Feitiço decente". A obra, resultado da tese de doutorado do autor, defendida em janeiro de 1997 na Universidade François Rabelais de Tours (França), sob o título *Transformations de la samba à Rio de Janeiro, 1917-1933*, aborda os estudos do samba e contempla desde o chamado *primeiro samba*, originário da denominada Pequena África (reduto dos sambistas do Rio de Janeiro, no início da década de XX), até o samba novo, samba urbano carioca ou samba do Estácio, que atingiu os subúrbios das cidades e conquistou um significativo espaço nas rádios e gravadoras, promovendo o samba como produto cultural brasileiro.

VILELA, I. **Cantando a própria história**: música caipira e enraizamento. São Paulo: Edusp, 2013.

O pesquisador e tocador de viola Ivan Vilela concentra seus estudos na música caipira com enfoque de história social. Nesta obra, resultado de sua tese de doutorado, o autor retrocede às origens da cultura caipira e avança até a sua urbanização, no início do século XX. No livro, também consta um estudo aprofundado sobre as origens da viola, o mais representativo instrumento da música caipira. Ivan Vilela é um dos pesquisadores que se destaca no sentido de dar crédito a Cornélio Pires pelo seu trabalho em prol da divulgação da valorização da cultura caipira.

RESPOSTAS

Capítulo 1
Atividades de autoavaliação

1. a
2. b
3. c
4. d
5. a

Capítulo 2
Atividades de autoavaliação

1. a
2. d
1. e
2. b
3. c

Capítulo 3
Atividades de autoavaliação

1. c
2. d
3. d

4. a
5. a

Capítulo 4
Atividades de autoavaliação

1. a
2. d
3. e
4. a
5. c

Capítulo 5
Atividades de autoavaliação

1. e
2. c
3. a
4. b
5. e

Capítulo 6
Atividades de autoavaliação

1. d
2. e
3. a
4. d
5. c

SOBRE OS AUTORES

Alysson Siqueira é bacharel em Música Popular pela Faculdade de Artes do Paraná (FAP), atualmente parte da Universidade do Estado do Paraná (Unespar). Também é especialista em Música Popular Brasileira e mestre em Música, na linha de pesquisa "Etnomusicologia", pela Unespar e pela Universidade Federal do Paraná (UFPR), respectivamente. Foi professor colaborador do curso de Licenciatura em Música da Universidade Estadual de Ponta Grossa (UEPG) e ministrou aulas nos módulos de "Canto Coral e Etnomusicologia no Programa Parfor – Música da UFPR. É professor do curso de Licenciatura em Música do Centro Universitário Internacional Uninter desde 2019.

É autor dos livros *Leitura e escrita musical*, *Acústica* e *Formação de conjuntos escolares*, todos publicados pela Editora InterSaberes; *Princípios da percepção musical*, pela Editora Contentus; e de outras publicações nas quais participou como organizador e autor pela Editora Dialética e Realidade. Além da esfera acadêmica, também é cantor, violonista, compositor, produtor musical e professor de canto e violão. Foi integrante de diversos grupos musicais, de variados estilos. Desenvolve atividades musicais relacionadas ao teatro e a projetos sociais. *E-mail*: alysiq@terra.com.br.

Elaine Stroparo Bülow é educadora musical, cantora, compositora e pianista, graduada em Música pela Faculdade de Artes do Paraná Faculdade de Artes do Paraná (FAP) e especialista em Metodologia do Ensino de Artes (Música, Teatro, Dança e Artes Visuais) numa abordagem multidisciplinar pelo Centro Universitário Internacional Uninter. Tem experiência como professora de Música e Artes em escolas bilíngues (Lighthouse e Positivo), além de ser professora de grupos vocais e de áreas afins, nas redes públicas e particular, desde 2010. Também tem experiência na docência em EaD, tendo trabalhado nas seguintes instituições: Faculdade São Braz (2015), Faculdade Unina (2021), como conteudista da disciplina de Musicalização e no Centro Universitário Internacional Uninter (2021), conteudista de Cantigas de Roda. Atualmente atua como Assessora de Música dos Anos Finais de ensino, das escolas do Grupo Positivo. *E-mail*: elainestroparo@gmail.com.

Florinda Cerdeira Pimentel é professora do curso de Licenciatura em Música do Centro Universitário Internacional Uninter. Flautista e educadora musical, é formada em Licenciatura em Música pela Escola de Música e Belas Artes do Paraná (Embap) e especialista em Educação Musical pela mesma instituição (Unespar/Embap); licenciada em História pelo Centro Universitário Internacional Uninter e especialista em Formação Docente para EaD pela mesma instituição. Atualmente, é mestranda em Música pela Unespar/Embap. Atuou como flautista na Orquestra Sinfônica de Limeira (SP), na Orquestra Filarmônica da Universidade Federal do Paraná e na Orquestra Pró-Música Sacra de Curitiba. Foi professora no projeto "Guri", em São Paulo. Tem vasta experiência no âmbito de ensino de música. É organizadora do livro *Educação a distância: práticas pedagógicas de música e artes visuais*. *E-mail*: nivhaflor@hotmail.com.

Jeimely Heep Bornholdt é regente e educadora musical. Mestre em Música pela Universidade Federal do Paraná (UFPR); pós-graduada em Formação Docente para EaD pelo Centro Universitário Internacional Uninter e especialista em Educação Musical na Escola pela Faculdade Censupeg; graduada em Pedagogia pelo Centro Universitário Internacional Uninter e em Música – Licenciatura Plena pela Universidade Federal de Santa Maria (UFSM). É membro da International Society for Music Education (ISME) e da Associação Brasileira de Educação Musical (Abem). Já ministrou cursos na ISME e tem trabalhos publicados ligados às duas instituições. É vinculada ao grupo de pesquisa "EaD, presencial e o híbrido: vários cenários profissionais, de gestão, de currículo, de aprendizagem e políticas públicas".

Atualmente, é professora do curso de Licenciatura em Música do Centro Universitário Internacional Uninter e também foi professora do curso de Licenciatura em Música da Unespar – Campus I. Durante muito tempo trabalhou com educação infantil e ensino básico, o que a levou a gravar álbuns correlacionados e a publicar o material didático "Musicalização com Mig e Meg", além de outros livros produzidos na área de música pela Editora InterSaberes. *E-mail*: jeimely@gmail.com.

Impresso:
Agosto/2024